あこがれの **アスリート** になるための

50の挑戦

ピエルドメニコ・バッカラリオ
マッシモ・プロスペリ 著
アントンジョナータ・フェッラーリ 絵

有北雅彦 訳

挑戦リスト

1	壁当てでパス練習だ	20
2	めざめの儀式ではじめよう	24
3	ストレッチで体をほぐせ	28
4	3種の競技を体験しよう	32
5	一丸となってゴールを決めろ	36
6	リフティングをマスターしよう	40
7	階段を昇り降りしよう	44
8	誹謗中傷をやりすごそう	48
9	スラロームで駆けぬけろ	52
10	いちどにやるのはひとつだけ	56
11	アッティア法で体操しよう	60
12	体を清潔に保とう	63
13	ボールを落とすな！	66
14	ポジティブに考えよう	69
15	壁の的をねらえ	73
16	1週間、がまんがまん	77
17	床の上でボール遊びだ	80
18	ジャンプ！	82
19	幸せの貯金箱	85
20	チェスで戦え	88
21	ノンストップで走れ	91
22	寝るまえにテトリスをしよう	95
23	恐怖を知って、向きあおう	98
24	ふたりのキーパーゲーム	103

25	1分間、ほんとうの呼吸をしてみよう	106
26	後ろ向きランニング	109
27	いい眠りを手に入れよう	112
28	トレッロで遊ぼう	116
29	敗北を知ろう	119
30	なわとびしよう	123
31	二人三脚レース、スタート！	127
32	ボッチェを極めよう	130
33	よく食べよう	133
34	よいキャプテンたれ	136
35	機械を持たずに歩こう	141
36	腕立て伏せしよう	144
37	掃除でも一流であれ	148
38	お城を守りぬけ	152
39	感情表現を学ぼう	155
40	星たちの超高速パス回し	158
41	知らない人の幸せを願おう	162
42	綱渡りでいこう	165
43	ミカドで集中力を研ぎすませ	169
44	自転車で走ろう	171
45	整理整頓するのだ	175
46	正確に投げよう	178
47	審判と対戦相手を尊敬しよう	181
48	疑問に向きあえ	185
49	いざ、決闘だ	189
50	親を訓練しよう	192

この本のルール：
あこがれのアスリート＝ヒーロー？

　まずは、いちばんかんたんで、同時にいちばん難しいところからはじめよう。「ヒーロー」ってことばの定義についてだ。

　ヒーローっていうことばを聞くと、たくましくて、カッコよくて、いちばんすぐれている者を意味すると思うだろう。とくにスポーツの世界では、だれにもまねできないような記録を出したり、ピンチを救ってくれたりする、「あこがれのアスリート」の意味で使ったりする。

　でも、この本のなかで言うヒーローっていうのは、「ヒーローであるために、まわりの人みんなの助けを借りる覚悟のある人たち」のことだ。

　ぼくらは、きみがそうなるための手助けをしたいと思ってる。とはいえ、なりふりかまわずいますぐナンバーワンになれなんて強要するつもりはない。スポーツを楽しむ気持ちを忘れちゃなんにもならない。ぼくらはきみに、毎日の生活をとおして、ヒーローの考え方やふるまいを教えたいんだ。

　真のヒーローたちに共通して言えるのは、かれらはフィールドのなかだけじゃなく、つねにヒーローなんだってこと。そして、フィールドの外では、自分のことをちゃんと理解してくれる友だちが必要だってことだ。

　真のヒーローは、技量やテクニックじゃなくて、内面がヒーローなんだ。そうあることで、みんなにとっての模範になる。

　では、もっとも重要なことをやってみよう。自分自身に質問してみるんだ。「ヒーローになりたい？　なりたくない？」なんて質問じゃないぞ。だれだってヒーローになりたいに決まってる。するべき質問はこうだ。「なぜ、ぼくは／わたしは、ヒーローになりたいんだ？」

　答えることができたなら、ここから先を読みすすめよう。

この本の使い方

　この本はスポーツをとおして、真のヒーローになるためのガイドブックだ。

　スポーツっていうのは、ただだれかと競争をして勝利をめざすことだけを言うんじゃない。スポーツとは、精神と肉体のバランスをとるものだ。ポジティブなエネルギーを精神から肉体へ、また肉体から精神へ送りとどけることができるようになる。すばやくて機敏な、健全な肉体は、脳の働きも活発にしてくれる。健全な脳は、さまざまなシチュエーションに対応する力をあたえてくれるし（スポーツ以外でもね！）、より適切な命令を肉体にあたえることができる。考えたり、遊んだり、判断したり行動したりすることが、もっともっとじょうずになれる。

　この本で紹介する50の挑戦に取り組むことで、きみがすでにできることについても、もっと技術を上げたり、違うやり方を発見できたりするだろう。もういちど学びなおすことができるんだ。

　大事なのは、これらのことだ。

1 ― 自分の才能を見つけだせ

　才能について、確かなことが3つある。ひとつめは、ヒーローはかならず才能をもっているということ。ふたつめは、きみにもかならず何かの才能があるということ。まだそれに気づいてはいなくても、だいじょうぶ、ぼくらがそれを見つける手助けをしてあげる。3つめは、自分の才能に気づいたとき、最初は少し孤独だってことだ。

　もし、きみがすでに自分の才

能が何かを知っているなら？ IDカードにそれを書いておこう。IDカードは、この本の203ページに用意されていて、きみの努力の跡を残しておくのにとっても役に立つ。あるていど挑戦をこなしたら、そこに書いてあるきみの才能を確認しよう。まだそれが自分の才能だって思うなら、ブラボー！ なんだか違うなと感じても、だいじょうぶ。書きかえればいいんだ！ なんにしても、きみは自分が何者で、何ができるのかについて、少しだけくわしくなれるはずだ。

2—毎日練習しよう

いつもはだしで遊んでいるブラジルのストリートチルドレンのほうが、地域のサッカースクールでときどき習ってる子よりサッカーがうまくなるのは当然だ。これは、ブラジル人にはサッカーの遺伝子が組みこまれているなんて理由じゃなくて、サッカーで遊んでいる時間が圧倒的に長いからだ。

カナダの作家、マルコム・グ

ラッドウェルによれば、何かのトップランナーになるには、少なくとも1万時間の練習が必要だそうだ。どんな分野でも、上達するには、明確な目標をもって、自分がいまどの段階にいるのか確認しながら、毎日少しずつ練習することが大事なんだ。ゆっくり、1歩1歩、困難を乗りこえていこう。

3—上達するために他人の意見を聞こう

大事なことは、トレーニング中も試合中も、自分がいったい何をしているのかを理解することだ。トレーニングの最中でも、もうひとりの自分が木の上からじっときみを見ていると想像しよう。そうすれば、どこで失敗したのか、何を修正すべきか、すぐに理解することができる。

そんなのできっこないって思ってる？　だったら、その考えはまちがいだ。むしろ、何かをマスターするためにはこれができなくちゃいけない。外から自分を見て、うまくできたら、「いいぞ！」「よくやったな！」ってほめてあげる。失敗したときには、何が悪かったのか、気づかせてあげる。「足を交差したのがよくなかったな」とかね。

とはいえ、コーチがいれば、この作業はもっとラクになる。きみのやることすべてについて、改善点を指摘してくれる人のことだ。そのコーチのことを「師匠」って呼ぶことにしよう。師匠は友だちでもいいし、親でもいいけど、きみがやっているトレーニングがなんなのか、なぜそれをしているのか、スタートとゴールはどこなのか（何があっ

てもやりとげるんだ！）、熟知してる人でないといけない。

4―真剣に取り組もう

あこがれのアスリートになるための道のりはとても長い。だから急がなくていい。大事なのは、このあと、きみに紹介する50の挑戦のうち、どれにどの順番で取り組んでもいいから、毎日やることだ。何？　毎日やるのはたいへんじゃないかって？

ぶっちゃけて言おう。そのとおりだ。だけど、覚えておいてほしいのは、困難を乗りこえるために努力することは、この世にあるものごとのなかで、もっともすばらしいことのひとつだってことだ。

きみのお気に入りのゲームのことを想像してみよう。キャラクターのレベルが最初から最後まで変わらなかったら？　死ぬほど退屈だろう？　だいじょうぶ、きみが真剣にこれらのチャレンジに取り組むなら、けっしてそんなことは起こらない。

きみに必要なのは集中力と決断力だ。トレーニングの最中にほかのことを考えているなら、けっして上達しない。とにかくやってみるという気持ちが大事だ。ひとつのメニューにかける時間は、だいたい1日20分、1週間で2時間くらいがいいと覚えておこう。

5─ピュアに、ポジティブに考えよう

名誉、お金、メダル……、そんなもののためにヒーローをめざすんじゃないし、そんなものを得た者がヒーローと呼ばれるんじゃない。それらはすべて懸命に努力した、ただの結果であって、けっして目的になってはいけないんだ。自分のやりたいことと、自分自身の理想像を明らかにしよう。

友だちのなかからポジティブで明るい子たちを選んで、きみの挑戦に手を貸してもらおう。よき友の存在は、なによりの助けになる。自分のことしか考えない子たちじゃ、きみが成長する助けにはならない。迷ったり、気持ちが落ちこんだりしたときには、休むことも大事だ。本でも読んで気分転換しよう。

ぼくらはみんな、あわてんぼうで、ちょっとヒーロー

さあ、挑戦にとりかかるまえに、きみに言っておくことがある。きみの頭をどうやって働かせるかについての基本的なことと、いくつかの大事なことだ。

きっときみには、何かをやりたくないときがあるよね。ウソをついたり、イライラしたり、ありもしないものをこわがったり、だれかに言われたりされたりしたことにネガティブな反応をしてしまったりすることもある。なぜそんなことをしちゃうんだろう？

それはきみのなかにいる、ぼくらが「ホンネ（本音）くん」って呼んでるやつがきみを支配したからなんだ。心配はいらない。ぼくらのなかにだってホンネくんはいる。でもこいつは、いつもいつも迷惑なわけじゃなくて、憎めないやつでもあるんだ。

脳は、筋肉、心臓、消化器から、呼吸することやしゃべることまで、体のあらゆる部分を管理している。同時に、脳は考えたり、感情が生まれたりするところでもある。このように、脳にはふたつの異なる部分がある。

ひとつはすばやく、本能的に行動する部分。つねにもっとも単純な反応をさせてくれる「ホンネくん」の部分だ。もうひとつは逆に、よく考えて正しい判断を下す「ヒーローくん」の部分。

ヒーローくんに働いてもらうのは、ホンネくんより時間がかかるし、意志の力もたくさん必要だ。でも、どちらの部分もとても大事。ホンネくんの言うと

おりに行動するのは、楽しいだけじゃなくて、すばやく反応して、考えるよりまえに動くことができるメリットもあるんだ。

きみが望むゴールはどこ？きみのあこがれのアスリートにちょっとでも近づくには、ホンネくんのすばやさが必要だ。だけど、退屈になる、憂鬱になる、いくら努力してもムダなんて考える、大騒ぎする、何かをやらかしてしまったとき、あやまるんじゃなくて逃げたり人のせいにしたりする……、ホンネくんだけに頼れば、きっとこうなる。山ほどあるこれらのことを「やらない」ために、ホンネくんをきたえなくちゃいけない。

心配はいらない。それぞれの挑戦のなかで、ホンネくんがきみをおとしいれるだろうワナや、

ヒーローくんに働いてもらう方法をちゃんと説明してある。どうすればホンネくんのいい部分を最大限に発揮できるのかってことをね。

いずれにせよ、ホンネくんもヒーローくんも、いつもきみの最高の友だちだってことを覚えておこう。かれらともっとなかよくなるために、名前をつけてもいいぞ。さあ、ホンネくんとヒーローくん、それぞれになんて名前をつける？

ヒーローの5つの特性

これからはじまる50のチャレンジは、つぎの5つの能力を伸ばす効果があるぞ。

1―持久力

体と脳には、それぞれの持久力がある。体の持久力は、もう動けなくなるまで、どのくらいの時間活動できるかを表し、脳の持久力は、どのくらいの時間、何かに集中して取り組めるかを示す。持久力の成長スピードはとてもゆっくりだ。

2―技術力

偉大なヒーローは、強いだけじゃない。正確無比で、予測不能で、他人が想像もできないようなことをやってのける。技術力とはひと言で言うと、何かをできるようになるにはどうしたらいいかを知り、実行する力だ。

3―チームワーク

個人種目、たとえばテニスなどでも、チームワークは必要だ。きみのチームは小さいかもしれない。たったのふたりしかいないかも。人数にかかわらず、チ

ームワークは存在するし、うまく活用しなくちゃいけない。いっしょにプレイしなくたって、家や学校できみをサポートしてくれるなら、だれだってきみのチームメイトだ。

4― 注意力

自分がやっていることについて、どれくらい意識していられるか、だ。何かに没頭しているときでも、冷静に判断してコントロールできる。いくつかの作業を計画的に同時進行させたり、ボールがどこに飛んでいくのかを予測したりするのもこの能力だ。

5― 品格

ヒーローたるもの、スポーツ以外の部分でもヒーローとして行動しなくちゃいけない。アスリートとしてだけじゃなく、なによりもまず、人として判断される。よくも悪くも、みんなの代表として見られる。フィールド以外でも、あるべき行動が求められるんだ。

どうすればいいかって？ 自分の現在の立ち位置を知り、考えること。そこではじめて、行動することができる。そうすることで、頭に浮かんだことを盲目的にやってしまうのを避けるんだ。なぜあんな行動をとったんだろうと、あとから考えるのは二流のやることだ。きみがそれをしたのは、そのときそれがベストだと判断したからだ。

必要なアイテム

● 足にあった靴

すべての挑戦が、走ったり、へとへとになったりするものじゃないけど、この世でひとつだけ大事なことがあるとしたら、自分の足にぴったりあった靴を持っておくことだ。べつに10足も買いそろえなくていいけど、外履き用と内履き用、1足ずつは持っていたほうがいい。ソールが足の裏のかたちに沿ったものを選ぶこと。ぺたんこの靴はダメだぞ。サンダルなんてもってのほかだ！

● トレーニングウェア

アスリートにとっては体の一部みたいなものだ。お気に入りの1着を探して、挑戦するときに着よう。戦闘服のように。開始と終了時に服を着がえることは、大事な儀式だ。挑戦がはじまったら全力で集中し、終われば日常にもどる。言うまでもないけど、こまめにちゃんと洗うこと！

● 腕時計

時刻を確認したり、タイムを計ったりする。最新のスポーツウォッチには、脈拍や自分の動きをくわしく教えてくれる高性能なものもあるぞ。なくてもいいけど、できれば、つぎの誕生日におねだりしてみよう！

● ボール

サッカーボール、バレーボー

ル、大きいのから小さいのまで。上に乗ってエクササイズができるバランスボールも役に立つぞ。友だちに貸してもらってもいい。家族に文句を言われないようにきれいに保管しよう。

- **ヨガマット**

床運動をするときに背中やひじを痛めずにすむ。厚さは数センチくらいのを選ぼう。スポーツ用品店に行けば売ってるぞ。

- **じゃまの入らない場所**

集中して挑戦に取り組むには、どこでやるかが重要だ。いちばんいいのは、最適な場所をふたつ見つけることだ。ひとつは家のなか。外に出かけなくてもできるチャレンジをするときのためだ。もうひとつは外。

近所の体育館やコート、どこでもいい。集中したりやる気を保ったりするのに大事なのは、いつも同じ場所でやることだ。もちろん完璧に同じ場所じゃなくたっていい。

- **集中できる時間**

真剣に集中して取り組めば、挑戦はかならず成功する。そのためには、時間を確保することだ。毎日、例外なく。1日20分やればじゅうぶんだけど、やりながら最適な時間を探ろう。もし20分と決めて、15分しかできない日があったなら、できなかった5分をつぎの日に追加してとり返そう。

挑戦のやり方

それぞれの挑戦には、屋外でやるのか屋内でやるのか、ひとりでやるのかチームでやるのかを示すアイコンがついている。

屋外で　屋内で

ひとりで　チームで

そのあとに、何をどのくらいやるのか、短い説明がある。そして、そのチャレンジの目標の高さにおうじて、3つのメダルが設定されている。

銅メダル（いちばん低いレベル）、銀メダル（中くらいのレベル）、金メダル（いちばん高いレベル）の3段階だ。きみが挑戦したいレベルを選ぼう。

銅　銀　金

それぞれの目標を達成することで、あこがれのアスリートに近づくために必要な5つの能力（11ページ）が、経験値として何ポイントかずつ獲得できる。ポイントをもっと稼ぎたければ、ほかのチャレンジもやってみよう。やるかやらないか、決めるのはきみ自身だ。

きみが何ポイント獲得したか、忘れないようにメモしておこう。この本の最後できみに伝える大事な情報に関係があるからね。

また、この本のそこかしこに、きみのインスピレーションを刺激するようなコラムやミニ情報をちりばめておいた。

それぞれのチャレンジにぴったりな歌や、参考になりそうな本や映画も載せておいた。

挑戦の最後に、写真を貼った

15

り、絵を描いたり、メモや思い出など、きみが経験したたくさんのことを書いたりする欄も用意してある。どのくらい書くことになるだろう？　それは、トレーニングをはじめたらすぐにわかる。きみがだれにもまねできないような、常識はずれの、めちゃくちゃ難易度の高い何かをやりとげた数と同じだけさ。

　オーバーヘッドでゴールを決めたときのこと、はじめてスケート靴で宙返りして着地するのを成功させたときの感動、トレイルランニングのゴールまぎわでラストスパートをかけて、へとへとなみんなを抜きさった爽快感……。それはただの偶然の産物じゃない。成功してくれって祈ったから起こった奇跡なんかでもない。達成すべくして達成した偉業なんだ。

　IDカードに何を成しとげたか書いて、ときどき見て思い出そう。自分が達成したことをあとから見返すことは、きっときみの力になってくれるだろう。

スペシャルな友だちからの
メッセージ

「自分にどれだけの才能があるかなんてことを誇るんじゃなくて、夢をかなえるためにどれだけ厳しいトレーニングをする覚悟があるかを誇れ」

これは、12歳だったぼくの鼓膜を震わせたコーチのことばだ。ぼくがはじめて所属したチーム「US クレモネーゼ」の練習初日だった。このことばの意味が、はじめはわからなかった。でも成長するにしたがって、真実を言ってるんだって実感できるようになった。才能は大事だけど、それは最後にあるもので、はじめから備わってるものじゃない。ただやってみるってことと意識的なトレーニングはぜんぜん違う。でも、まずはやってみること。そうしないと何もはじまらない。

ぼくらのころには（おっと、おじさんみたいな言い方をしちゃったな。きみらもいつかそんなふうに言うようになる！）、もっとシンプルだった。娯楽がずっと少なかったぶん、遊ぶ術と、楽しみながらトレーニングする機会にあふれてた。プレイステーションなんかなかったし、テレビのチャンネルはもっと少なかったし、インターネットなんて想像もしてなかった。かわりにぼくらは中庭や教会の広場や道で遊んだ。雨の日には、家の廊下をサッカーグラウンドやスキー場に

見立てた。

　きみがこれから立ち向かう挑戦の多くは、昔からいっしょだ。壁当て、リフティング、パス練習。毎朝、ベッドを直して、朝ごはんを準備して、食卓を整える。ぼくも何回やったか数えきれない。家族と住んでたマンションの4階まで、3段飛ばしで駆けあがったりもしたな。いまでも覚えてる。

　このすばらしい旅の途中で、大きく成長しながら、ぼくは、つまずくたびに起きあがることを学んだ。ぼくのなかでだれかがこう言う。そのまま横になって休んでおきなよ、そのほうがラクだし危なくないよって。何かをやれば、かならず失敗する。でもぼくはわかったんだ。失敗はすばらしいことで、何かを失ったわけじゃない。勝利はかならずやってくるし、学びにも終わりがない。

　グッド・ラック！　そしてなによりも、楽しもうぜ！

またね
元サッカーイタリア代表FW
ジャンルカ・ヴィアッリ

50の挑戦

壁当てでパス練習だ

　すべてのチームスポーツにおいて、もっとも重要な要素はなんだろう？　それはパスだ。たとえばサッカーでは、正しい方法とタイミングで出されるパスは、ゴールを決める決定的なチャンスを生むし、バレーボールでは、みごとなトスは、アタッカーがより強く、より正確なスパイクを決める助けになる。バスケでも同じだ。

　いいパスを出すのはかんたんに思えるかもしれないけど、じっさいには思った以上に難しい。正確さ、位置の調整、観察力などが必要だ。失敗せずにいいパスを出すためには、たくさんの練習がいる。トレーニングにつきあってくれる友だちが何人

かいれば理想的だけど、ひとりでだってできるぞ。

どうやって？ そんなのかんたん。まっすぐにそびえたった壁と、その前に何メートルぶんかの空間があればじゅうぶんなのさ。た

だし、だれかの家やマンションの壁は使っちゃダメだ。住んでる人の迷惑になるからね。家の近くの駐車場とかいくつかの心当たりを探せば、きっと、ちょうどいい壁が見つかるはずだ。よし、そこをきみの練習場所にするぞ。壁から数メートル離れたところに立って、壁にボールを当ててバウンドさせよう。

イタリア史上もっとも偉大なサッカー選手のひとり、フランチェスコ・トッティも、この練習方法をオススメしてる。「壁は、きみのもっとも信頼のおけるチームメイトだ。きみがいいボールを送れば、いいボールを返してくれる。強すぎたり、弱すぎたり、ゆっくりすぎたり、高すぎたりするボールを送れば、それに見あったボールしか返してくれない」ってね。

あらゆるタイプのパスに慣れるために、ボールの当て方に変化をつけてみよう。サッカーボールで練習してるのなら、右足

で、左足で、足の甲の内側で、外側で、それぞれ蹴ってみよう。バレーボールなら、いろいろな打ち方をつなげてやってみよう。サーブ、レシーブ、とどめにス

21

パイク！　いいリズムで打てるようになるまで、そんなにはかからないだろう。こんなのかんたんだって思った？　安心するのはまだ早い！　ペースを早くするんだ。早くやればやるほど、返ってくるボールの方向を即座に予測して、最適な位置にすばやく移動しないといけない。ポジションどりの練習にもなるぞ。

目標

銅メダル：最低100回、連続してパスを決めよう。

銀メダル：最低150回、連続してパスを決めて、できるかぎりの変化をつけよう。

金メダル：最低200回、連続してパスを決めて、できるかぎりの変化をつけて、ラスト50回は最速でやってみよう。

経験値
技術力：5
チームワーク：2

この曲がぴったりだ！
「ダイアモンド・イン・ユア・ハート」（東京スカパラダイスオーケストラ feat. 細美武士）

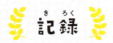
記録

きみの最高のチームメイトである壁の写真を貼って、きみが成しとげた連続パス記録を3つ書こう。

最高記録 .... 2番目 .... 3番目 ....

めざめの儀式ではじめよう

　朝、目がさめたとき、1日のすべてがきみの目の前にある。そこで、1日のはじめにするべき儀式をきみに教えよう。この習慣を身につければ、きみは自分自身をもっと好きになれる。きみのあこがれのアスリートだって、朝の小さな習慣を積みかさねてヒーローになったんd。習慣は自己管理能力を自然にきたえてくれるし、精神も安定させてくれる。

　大事なのは、やると決めたら、かならず実行する強い意志をもって挑むこと。この儀式は、毎日規則的にやらないとまったく意味がないんだ。でも2、3日やれば、きみのなかのホンネくんも、「あと10分だけ〜」ってきみを二度寝に誘うより、「早く儀式をやろうよ！」ってベッドから追いだすようになるだろ

う。さあ、特訓開始だ！

　めざめの儀式にぴったりな行動を5つ紹介しよう。これらをそのままやってもいいし、自分なりの儀式を考えてもいい。

1─ベッドを整える（3分で！）
これはきみに整理整頓の感覚を教えてくれる。これができるようになれば、きっと自分をいまよりもっと好きになれるぞ（親も大喜びだ）。

2─瞑想する
まずは、頭をからっぽにして瞑想しよう。1日を過ごすための頭の準備運動だ。つぎに、ポジティブなことだけを考えよう。きみはなんでもできる！　恐れるものは何もない！　明日の歴史の小テストが心配？　なんとかなる！　5分もやればじゅうぶん。1週間も続ければ、効果を実感できるようになるぞ。

3─なんでもいいから5分から10分、運動する
シンプルなストレッチ（屈伸運動）がいい。体をてっとりばやくめざめさせるのに効果的だ。

4─スコットランド式シャワーを浴びる
シャワーはいつも熱いお湯で浴びてる？　そのうち何秒かは、お湯じゃなくて冷水にするんだ。ホンネくんは震えあ

がってきみの体に「逃げろ！」って言ってくる。でもがまんだ！　適度な冷たさは頭をめざめさせ、筋肉をきたえてくれる。

5―自分で朝ごはんの準備をする

栄養のある、きみの好きなものを食べて1日をはじめよう。紅茶にクッキー、パンとジャム、コーンフレーク……、なんでもいい。テーブルに食器を用意しよう。もしきみが一番乗りなら、家族のぶんもやってあげよう。

目標

 銅メダル：1週間、最低3つの儀式を続けよう。

 銀メダル：2週間、最低4つの儀式を続けよう。

 金メダル：1か月、5つの儀式ぜんぶを続けよう。

経験値
品格：5
持久力：2

この曲がぴったりだ！
「ウィー・アー」
（ワンオクロック）

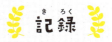

記録

これがきみのめざめの儀式だ。

1 ....
2 ....
3 ....
4 ....
5 ....

クリスティアーノ・ロナウドの朝

世界最高のサッカー選手とも評されるロナウドは、いつも同じやり方で1日をはじめる。8時に起きる（でも彼はよく、それより早く起きてめざまし時計が鳴るのを待っていた）。朝食を食べる。ハム、卵、低脂肪チーズ、柑橘類のジュース、いつも同じメニューだ。食べたら腹筋100回以上。それからシャワーを浴びる。もちろんスコットランド式シャワーだ。

ストレッチで体をほぐせ

「ストレッチ」は「伸ばすこと」という意味の英語だ。筋肉、腱、骨、関節などをほぐして柔軟にするいろいろな運動を指す。

この本で紹介している体を動かす挑戦では、前後に数分間のストレッチをすることが、とてもたいせつだ。こんなふうに、数年前までは、ストレッチはほかのスポーツの補助的な役割をはたすことが重視されていた。

だけどストレッチは、それじたいがちゃんとした運動だ。敏捷性や柔軟性を維持するのにとても役に立つ。

やりすぎは禁物。これは筋肉をリラックスさせるための運動なんだ。静かに、体の声に耳を傾けながらやろう。ストレッチのすばらしいところは、いつでもどこででもできるということ

だ。屋内でも屋外でも（屋内なら、ヨガマットを使うといい）。

ストレッチはウォーミングアップに最適だ。たとえば、走るまえにやるといいのは、片方の足首を、絵のように後ろ手につかまえて、そのまま両手で背中のほうに引っぱりあげて10秒間キープするというもの。

腕をほぐすにはこうだ。立った状態で、両腕を下に向かって伸ばす。ひじを目いっぱい伸ばして、手首は曲げて、両腕を内側に向けて回す。その姿勢のまま、10秒間キープしよう。

ふくらはぎもやってみよう。体を腰から折りまげて、両手で足のつま先をつかんで、上に引っぱりあげる。足の後ろ側の筋肉を伸ばすんだ。この姿勢を10秒キープしよう。

体のあらゆる筋肉について、それぞれ伸ばしたり柔軟にしたりするストレッチがある。きみの師匠に、ほかのも教えてくれるように頼んでみよう。きっといっぱい知ってるぞ。

運動のまえにストレッチをすることも大事だけど、運動後にストレッチをすることのほうが重要だ。疲労のたまった筋肉をやわらげて、カチコチになってしまうのを防いでくれる。10

分間かけてじっくりほぐそう。

　きみのなかのホンネくんはきっと、「そんなのめんどくさいよ！　すぐにシャワーを浴びにいこうぜ！」なんて言ってくるだろう。だけど一流のアスリートは、筋肉は最大限にケアすべきだと知っている。ホンネくんをがんばって説得しよう。つぎの日、体の調子がすごくいいことを感じたら、ホンネくんもきみに感謝するにちがいないんだから。

目標

 銅メダル：運動のあと毎回10分間ストレッチしよう。

 銀メダル：運動の前後に毎回10分間ずつストレッチしよう。

 金メダル：運動をしない日でも、10分以上はストレッチの時間をとろう。

経験値
注意力：5
持久力：1
チームワーク：1
（友だちといっしょにやる場合）

この曲がぴったりだ！
「グッド・ヴァイブレーション」
（ザ・ビーチ・ボーイズ）

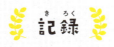

記録

お気に入りのストレッチのやり方を書こう。

1 _____ 3 _____

2 _____ 4 _____

1週間に180キロ走ろう！

イタリアの陸上選手、ヴァレリア・ストラーネオは、ロシアのモスクワで開かれた2013年世界陸上の女子マラソンと、スイスのチューリッヒで開かれた2014年ヨーロッパ選手権で銀メダルを獲得している。地中海競技大会のハーフマラソン種目では金メダル。2012年のロンドンオリンピックでは8位、リオオリンピックでは13位だった。小さいころから走ることをはじめ、そのトレーニング方法は群を抜いていた。1週間に160キロから180キロを走ること。1日にすると23キロから26キロになる。これをほぼ毎日だ。もちろん、走るまえとあとに入念なストレッチをするのは欠かさないけど、なんと、走らない日でもストレッチだけは怠らないんだって。

3種の競技を体験しよう

　きみのあこがれのアスリートだって、はじめから自分の進む道を見つけられたわけじゃない。別のスポーツからキャリアをスタートさせたという人は、何人もいる。いろいろなスポーツを経験することは、きみの眠っている才能を発見するためにも、身体能力をバランスよく成長させるためにも、とても大事なんだ。それになんといっても、スポーツは楽しい。だからたくさんのスポーツをすることは、それだけたくさんの楽しみを味わえるってことでもある。

　今回のチャレンジは、最低でも3つの違うスポーツを順番に経験してみることだ（1日だけじゃダメだぞ！）。興味があるスポ

ーツなら、なんでもいい。個人競技でもチームスポーツでも、格闘技でもマラソンでも。

やってみるのはかんたん。無料体験期間を設定しているスポーツクラブはたくさんある。お金を払って入会しなくても、その期間内なら、ほぼすべてのスポーツをやってみることができるんだ。きみの師匠に、このチャレンジを手伝ってくれるように頼んで、体験についてきてもらおう。もしお気に入りのスポーツがなかったら、きみがやりたいスポーツを3つ（かそれ以上）教えてもらおう。

たくさんのスポーツに同時に挑戦してもいいけど、いちどに覚えるルールはひとつにしたほうが集中できるんじゃないかな。どちらにしても、自分で決断しよう。

目標

銅メダル：最低3つのスポーツを選んで、それぞれに1週間ずつは取り組もう。

銀メダル：最低3つのスポーツを選んで、それぞれに1か月ずつは取り組もう。

金メダル：最低4つかそれ以上のスポーツを選んで、体験期間が終わっても、ふたつはそのまま続けよう。

経験値
技術力：**5**
持久力：**2**
品格：**1**
チームワーク：**1**
（選んだスポーツの最低ふたつがチームスポーツだった場合）

この映画を観てみよう

『ゲーム・プラン』
（アンディ・フィックマン）

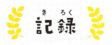

記録

好きなスポーツを5つ書こう。

1 ……………………
2 ……………………
3 ……………………
4 ……………………
5 ……………………

じっさいにやってみたスポーツを3つ書こう。

1 ……………………
2 ……………………
3 ……………………

ブルーノ・コンティは2度ヒーローに

ブルーノ・コンティはイタリアの米軍基地近くの町、ネットゥーノで生まれた。小さいころから野球をやっていて、すごくうまかったので、サンタモニカ野球アカデミーのコーチたちが、彼に奨学金を出して入学させようとしたほどだった。だが、家族は15歳の息子が故郷を離れてそんなに遠くに行くのを許してくれなかった。ブルーノはその誘いを蹴り、サッカーをはじめた。するとそこでも頭角を現し、ＡＳローマのメンバーとしてセリエＡまでのぼりつめた。1982年のワールドカップ・スペイン大会ではイタリア代表として世界制覇に貢献し、大会のベストイレブンにも名を連ねたんだ。

一丸となってゴールを決めろ

　きっときみも、試合中に自分のことしか考えない、ちょっぴりわがままなやつと同じチームになることがあるだろう。サッカーの試合で、だれにもパスを出したがらないやつはかならずいるし、バスケの試合でシュートばかりうつやつも、バレーの試合でネットより低いボールでもスパイクをうとうとするやつもいる。はっきり言おう。これはアスリートとしては最低で、反感しか買わない行為だ。チームスポーツというのは協力してプレイするものだ。みんなが自分を全体の一部として認識し、ひとつの目的に向かって行動することで、はじめてチームはチ

ームとして機能する。

　でも、きみが喜んでボールを回したくないやつがいることも
よくある。きみとあまり仲がよくなかったり、あまりじょうず
じゃなかったり（きみのなかのホンネくんは、「こいつへただな」って
思ってる）、理由はいろいろだ。だけど、ヒーローならそんな行
動はとらない。真のヒーローは、うまい・うまくないにかかわ
らず、みんなが貢献することがチームには大事だって知ってる。
チームが一丸となれば相乗効果が生まれる。気持ちを共有し、
1人ひとりが自分の力を最大限発揮しようとするからだ。

　今回のチャレンジは、試合では1人ひとりにちゃんと役割が
あるんだって実感するのに最適な方法だ。やることはとっても
シンプル。まず、友だちと、どのチームスポーツをやるか決め
よう（バレー、サッカー、バスケ、水球、なんでもいい）。そして、
シュートやスパイクやダンクシュートを決めるまえに、かなら
ず全員が1回はボールにさわるというルールを決めよう。ボー
ルを使わないスポーツなら、そのスポーツに適したルールを
考えよう。やり方はすぐに思いつくだろう。きっと、すごく楽
しいのがすぐにわかるぞ。

＞ もっとチャレンジ！

　パスのルールをもっと厳しくしてみよう。たとえば、ボール
を回す順番を決める。まずはパオロ、つぎにラウラ、それから
ジェイ……っていうふうに。できたら、チームワークにボーナ
スポイントを1点追加しよう。師匠にホイッスルを用意しても
らって、もしこのルールを破ったら、ピー！　相手チームにボ
ールがわたる。

37

目標

銅メダル：このルールにしたがって、ひとつの試合を最後までやってみよう。

銀メダル：このルールにしたがって、10の試合をやりとおし、そのうち半分は勝とう。

金メダル：ルールを決めなくても、試合中にみんながボールをさわるようにしよう。

経験値

チームワーク：5
品格：2

この曲がぴったりだ！

「ピースボール」
（ファンキスト）

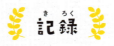
記録

きみのチームの写真を貼ろう。

ひとつの試合でそれぞれがボールを持った数を書こう。
(とくにきみがへただと思った子に注目だ！)

選手　　　　　　　　　　　　　ボールを持った数

....　　......................................
....　　......................................
....　　......................................
....　　......................................
....　　......................................
....　　......................................
....　　......................................
....　　......................................
....　　......................................

リフティングをマスターしよう

　リフティングは多くのスポーツで基本となるテクニックだ。サッカーはもちろん、バレーボールでも使われるし、バスケットボールではドリブルがそうだね。これらのスポーツではあくまで個人の技術だけど、卓球、バドミントン、テニスなどのスポーツでは、対戦相手とのラリーがそれにあたる。やり方はいろいろだ。

　さあ、ここからが本題。やることはシンプルだ。好きなボールを選んで、リフティングしてみよう。サッカーボールでなら、

体のいろいろな部分を使ってね。右足、左足、頭、太もも、肩。落としちゃダメだぞ！　バレーのボールなら、両手を使ってオーバーハンドパスとアンダーハンドパスを交互にやる。バスケのドリブルなら、動きの正確さに気をつけながら、右手と左手を使って、股下をくぐらせて行ったり来たりさせよう。力を入れすぎないのがコツだ。いろいろ試して、自分の得意技にしてやるんだ。お気に入りのボールでうまくできるようになったら、ほかのボールでもやってみよう。スポーツにおいても人生においても、たくさんのことができるようになるのは、とても楽しいことだ。

目標

銅メダル：お気に入りのボールで、失敗せずに100回リフティング（ドリブル）しよう。

銀メダル：2種類のボールで100回ずつしよう。

金メダル：3種類のボールで100回ずつしよう。

経験値
技術力：5
注意力：1

この曲がぴったりだ！
「アイ・ウォント・レッチュー・ダウン」（オーケー・ゴー）

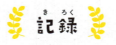
記録

きみのリフティング（ドリブル）の記録を書こう。

　回数　　　場所　　　　　日付

・・・・・・・・・・・・　・・・・・・・・・・・・・・・・・　・・・・・・・・・・・・・・・・・・・・・

その記録を出したときのボールと靴の写真を貼ろう。

マラドーナのリフティング

　すごい技術をもったサッカー選手はいくらでもいる。ロベルト・マンチーニ、ロベルト・バッジョ、アレッサンドロ・デル・ピエロ……。でも、ことリフティング技術だけを言うなら、まずはアルゼンチンのディエゴ・マラドーナが頭に浮かぶ。彼はボールを使ってやりたいことはなんでもできた。

　有名なエピソードがある。1989年、UEFAカップ決勝のシュトゥットガルト戦でのことだ。両チームの選手はフィールドでウォーミングアップをしていて、スタジアムのスピーカーからは「ライブ・イズ・ライフ」が流れていた。マラドーナがリフティングをはじめると、スタジアムが息をのんだ。当時、シュトゥットガルトのFWだったユルゲン・クリンスマンはこう回想している。「ぼくらはフィールドのほかの場所で準備運動に集中してた。音楽が流れていた。そしたらそのリズムにあわせて、マラドーナがリフティングをはじめたんだ。それはウソみたいに芸術的だった。ぼくらは思わずウォーミングアップをやめて目を奪われたよ」

　YouTubeで検索して観てみるといい。

階段を昇り降りしよう

　あこがれのアスリートになるために大事なのは、強靭な足腰としなやかな筋肉だ。今回のチャレンジでは、これらすべてを同時にきたえることができるぞ。

　まずは、チャレンジに最適な階段を選ぼう。できれば、外に出て、屋外の階段を探そう。雨が降っていたり、近所になかったり、あっても人通りが多すぎたり（通行のじゃまになるからね）するなら、自分や友だちが住んでるマンションの階段を使おう。屋内の場合は、できるだけゴチャゴチャしてない静かなところを選ぼう。友だちといっしょにやるのなら、昇り降りをしている最中には、ぜったいにしゃべらないこと。運動以外で酸素を

使わないためだ。

　説明することはとくにない。下の階から上の階へ、立ちどまらずに走る。きみのなかのホンネくんは、「冗談じゃない！　歩いて昇るのだってしんどいんだぜ！」って言ってくるはずだ。だから人はエレ

ベーターを発明した。だけど、ホンネくんの言うことは聞いちゃいけない。ホンネくんに言い聞かせるために、説得力のある理由がほしいって？　じゃあ、1日に15分間階段を走ることは、平らな道を30分間走る以上の運動量があるって教えてやろう。

　階段60段ぶん（だいたい1階から3階まで）を15分間往復するところからはじめよう。昇るときは走って（手すりにつかまるのは禁止！）、降りるときは歩くこと。呼吸を回復させて、もういちど昇るためだ。急ぎすぎないこと。中くらいのペースで、最初から最後まで同じ速さをキープしよう。

　できたら、階段100段から120段ぶん（1階から4階か5階くらいまで）を30分間、往復してみよう。足の筋肉がだんだんばねのようにきたえられてくる。エクササイズを終えたら、ストレッチしてしっかりほぐしておこう。

▶ **もっとチャレンジ！**

　金メダルのメニューを達成したなら、15分程度、床でじっくりと筋肉をマッサージしてほぐそう。持久力のボーナスポイントを1点追加だ！

45

目標

銅メダル：階段60段を、15分間、往復しよう。

銀メダル：階段100段から120段を、15分間、往復しよう。

金メダル：階段100段から120段を、30分間、往復しよう。

経験値

持久力：5
技術力：1
（友だちといっしょにやるなら、チームワークを1ポイントプラスしよう）

この曲がぴったりだ！

「天国への階段」
（レッド・ツェッペリン）

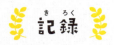

記録

昇り降りした段の数と、最上段までのベストタイムを書こう。

段の数 _____ 記録 _____

流行のスポーツ・階段垂直マラソン

近ごろでは、スポーツとして階段の昇り降りをする人も増えてきて、「階段クライミング」とか「垂直ランニング」とか呼ばれている。アメリカでは公式のルールが制定された。とくにニューヨークでは、とてもポピュラーだ。公式レースもいくつもある。いちばん有名なのは、ニューヨークのエンパイアステートビルを使って開かれるレースで、地上320メートル、86階までを走りきる。もっとも長いレースは、マレーシアのクアラルンプールタワーのもので、地上421メートル、たっぷり100階ぶんだ。イタリアには、ミラノのピレッリタワーでのレースがある。127メートル、31階ぶんを走るんだ。

誹謗中傷をやりすごそう

　SNSで、好きなだれかをフォローしているなら、あることに気づくだろう。ヒーローには、すごくたくさんのフォロワーがいるってこと。ほとんどのフォロワーは、ヒーローのことを好きだし、その行動や発言を尊敬している。だけどなかには、礼儀も教養も感じられないことばを使って、ヒーローを悪く言うやつもいる。

　残念ながら、ネット社会はユートピアじゃない。他人の行動を悪く言いたくてしょうがないやつらは、つねにいるんだ。きみもその悪意にさらされる可能性がある。もしきみに攻撃が降りかかってきたら、対処のし方はふたつある。ひとつめは、きみのなかのホンネくんにしたがって、真っ向から怒りをあらわ

にする方法。ふたつめは、ヒーローくんにしたがって、あくまで穏やかに対処するやり方だ。こんなふうに。

1――ほとんどの人は、きみのしていることも、その理由も知らない。連中はきみにとって重要な人たちじゃない。わかってくれる人たちこそが重要なんだ。「絶対的なファン」を集めよう。きみのことをほんとうに理解してくれる人たちだ。かれらはきみの防衛拠点であり、きみをつねに支えてくれるゆるぎない土台となってくれるだろう。

2――10パーセントの人たちは、きみの行動や発言を、まるで仲のいい友だちみたいに知りつくしてるだろう。ひじょうに正確に、こと細かに。なかには、きみが何をしようが悪く言ってくるやつもいる。1パーセントくらい、ごく少数だけど、クレイジーなくらいに反応してくるやつもいる。そんなやつらがいるってあらかじめ知っておくことで、批判や場違いな発言に対して不必要に怒るのを避けることができる。

3――よくわからないときは返事をしない。SNSで何か批判めいたことを言われたとしても、それらの90パーセントはもっともな意見なんだ。だからほとんどの場合はノーリアクションでいい。信じてくれ。それが正しい対処法だ。

49

その批判は筋が通っているとはっきり感じたときには、礼儀正しく、その人に同意してみよう。意見をくれたことに対して怒っていないし、深刻になりすぎていないという雰囲気も出しておこう。

4―必要以上にあやまることはない。批判を受けいれることは、自分がまちがっていると認めることと同じじゃない。たんにその人の意見がもっともだと認めることだ。いいことばがある。「忠告はつねにぼくを育ててくれる」。

5―わかりあうつもりがない人とわかりあおうとするのはムダだ。そんな人と議論をするのは避けよう。

6―みんなに好かれることはできない。これは自然の摂理だ。きみがそう信じて決断や発言をしたのなら、自分の意見に自信をもとう。

7―きみに批判めいた発言をする人のなかには、きみよりも経験豊富で、知識や技術がある人もいる。きみが成長したいのなら、建設的な意見かどうか判断して、改善するためのヒントとしてうまく活用しよう。

8―きみ自身が幸せでいることが最大の復讐だ。穏やかに生きよう。自信をもって選択したことなら、わが道を進もう。

目標

銅メダル：SNSでだれかに腹が立っても、無視しよう。

銀メダル：SNSで批判されたら、1週間、この対処法を適用しよう。

金メダル：SNSで批判されたら、1か月間、この対処法を適用しよう。

経験値
持久力：5
品格：1

この映画を観てみよう
『ブレイブハート』
（メル・ギブソン）

記録

きみをディスってくるやつに送った気のきいた返事を書こう。

1 ....
2 ....
3 ....

スラロームで駆けぬけろ

　意外かもしれないけど、すべてのスポーツにおいて、ヒーローとその他を分けるのは、すばやく方向転換する能力だ。球技なら、いかに正確に別の方向にボールを送れるかという能力でもある。今回のチャレンジは、この重要な能力をきたえてくれるんだ。

　7、8本（もっと多くてもいい）の空のペットボトルを持って広い場所に行こう。きっと家にいくつかはあるだろう。それに水か土か砂を詰めて、1列に並べる。1本1本のあいだは2、3歩ぶんくらいの距離をあける。これでスラロームのコースの準備は完了。いつでもトレーニングをはじめることができるぞ。

ペットボトルをよけな
がら、そのあいだを走り
ぬける。右によけたら、
つぎは左によける。ペッ
トボトルを倒さないよう
に、できるだけ速く駆け
ぬけるんだ。タイムを計
りながらやってもいい。1回ごとにタイムを縮められるように
努力しよう。

　うまくできるようになったら、ボールを使ってやってみよう。
ボールは、サッカーボールでもバレーボールでもバスケットボ
ールでもなんでも。できればぜんぶチャレンジしてみよう。ボ
ールの数だけ、新しいトレーニングに挑戦できるからね。ボー
ルを操りながら、できるだけ速くペットボトルのあいだを駆け
ぬけよう。

　サッカーボールでやるなら、足でボールを操りながらジグザ
グ走行で、バスケットボールならドリブルしながら。バレーボ
ールでやるなら、ちょっと難しいけど、地面に落とさないよう
に頭でリフティングしながら走る。しつこいようだけど、ぜっ
たいにペットボトルを倒しちゃダメだぞ。もし倒したら、もう
いちどコースの最初からやりなおし！　友だちといっしょに、
だれがいちばんうまくて速いか競争してもいいね。

　ボールを操りながらスラロームをするのは難しい。やってみ
れば、速くできるようになるにはかなり練習が必要だってわか
るだろう。でも、くじけるな。費やした時間に結果はかならず
応えてくれる。

▶ もっとチャレンジ！

ペットボトルのあいだをスラロームしながら、きみの師匠が「シュート！」と叫んだら、どこかに用意したゴールにシュートしよう。ゴールを決めたらすぐにスラロームにもどる。技術力にボーナスポイントを1点追加しよう。

目標

 銅メダル：最大速度で走って、コースをクリアしよう。

 銀メダル：どれかひとつのボールを操りながら、ミスせずにコースをクリアしよう。

 金メダル：3種類のボールで、コースをクリアしよう。

経験値

技術力：5
注意力：1
チームワーク：1
（友だちといっしょにやる場合）

この曲がぴったりだ！

「ターン・イット・アラウンド」
（ザ・チャーム・パーク）

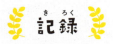

記録

きみがチャレンジした、きみだけのスラロームコースを描こう。

いちどにやるのはひとつだけ

　たとえば、友だちといっしょに映画でも観にきてるとき、スマホでほかの友だちにメッセージを送る、なんてことあるよね。3人の友だちと遊ぶ約束をして、最終的にふたりとの約束はキャンセルしたり、何かを終わらせないうちからつぎのことをはじめたり。

　これらはぜんぶホンネくんのしわざだ。ヒーローくんの力を借りて、いちどにひとつのことしかやらないようにしよう。何をやって何をやらないのかを決められるようになるんだ。禅ではこう言っている。「座るなら座れ。歩くなら歩け。けっして迷うな」。

　まずはやるべきことを論理的に考えて整理する。やることを

決めたら、ぜったいにそれを守ろう。だれかといっしょに過ごしているなら、その人を最優先しないといけない。何かひとつのことをやっているときは、そのことに集中しよう。映画を観るなら、ほかに何もしちゃいけない。集中力の100パーセントをそれに向けるんだ。

この考え方を、きみの毎日の生活からトレーニングにまで、すべてにあてはめてやってみよう。きみがやると選択したことに100パーセントの力を注ごう。ひとつを終えたらつぎのこと。同時に何かをしちゃいけない。だれかに会うときも、その人だけに集中しよう。これをやるためには、手帳が役に立つ。1日にやることを書きだして持ちあるこう。

目標

銅メダル：100パーセント集中して何かを終わらせよう（ときどき休憩はとろう）。

銀メダル：やることリストとスケジュール表をつくって、1週間実行しよう。

金メダル：手帳を買って予定を書きこんで、1か月続けよう。

経験値

品格：5
持久力：1
注意力：1

この曲がぴったりだ！

「シェイク・イット・オフ」
（テイラー・スウィフト）

（でもこのチャレンジをやっている
最中には聴かないでおこう。集中を
妨げるからね！）

記録

1日の最優先事項はなんだ？ 1週間ぶん書いてみよう。

月

火

水

木

金

土

日

ルイージ・ガルランドの秘密

ルイージはイタリアでもっともすぐれたスポーツジャーナリストで、偉大な作家でもある。その秘密は、彼の手帳にあった。彼は1日にひとつだけしか予定を書いていないんだ。こんな感じでね。

10月13日	トレントスポーツフェスティバル
10月14日	ポーランド vs イタリア
10月16日	パリでインタビュー
	(ジャンルイジ・ブッフォン)
10月17日	パデルの試合（インタビューあり）、
	元インテルとミランの選手2名
10月19日	ヴァレトリ書店で待ち合わせ
10月21日	ダービーマッチ（インテル vs ミラン）
10月23日	マンチェスター vs ユベントゥス

挑戦 11

アッティア法で体操しよう

　アッティア法って聞いたことあるかな？　単純だけど奥が深い体操の方法で、医師のピーター・アッティアによって完成された。彼は元アスリートで、25キロ遠泳などの超持久力競技のスペシャリストだった。

　マットの上に横向きに寝そべって、足を伸ばして、腕を使って頭を支える。これで準備は完了。この体操には、5つの行程がある。それぞれの運動を10回くり返すところからはじめよう。5つの行程ぜんぶをやりきるまで、休憩をとっちゃダメだぞ。

1─上下運動
足をぴんと伸ばしたまま、上の足を上げて下ろす（床につけない

ように)。軽く内側に円を描くように動かそう。そんなに高く上げなくていいぞ。30度くらいの角度がちょうどいい。

2──前にスウィング

上の足を、オーバーヘッドキックをするように、前方45度の角度にけり上げ、もとにもどす。

3──後ろにスウィング

上の足を後ろに伸ばす。できるだけ遠くに、背中は曲げずに。

4──前後に

2と3のふたつの動きを、途中で止めずにつなげてやる。

5──エアーサイクリング

自転車をこぐように両足を動かす。骨盤が少し動くくらいでいい。脇腹が床から離れないように気をつけよう。

　できたかな？　OK、じゃあ向きを変えて、別の足で同じようにやってみよう。

61

目標

 銅メダル：1日に10セット、1週間やってみよう。

 銀メダル：1日に20セット、1週間やってみよう。

 金メダル：1日に20セット、1か月やってみよう。

経験値
持久力：5
注意力：1

この曲がぴったりだ！
「アンダー・プレッシャー」
（クイーン×デヴィッド・ボウイ）

記録

ここにTシャツの汗をひとしずくたらそう。

挑戦 12

体を清潔に保とう

　スポーツはしんどい。きみの汗の量を見れば、どれだけしんどいのか一目瞭然だ。あこがれのアスリートになるためには、汗をかくことが必要だ。古い言い方をするなら、「シャツを濡らせ、フィールドへ飛びだそう」ってところかな。

　だけどそれとひきかえに、世界を汗くさくするわけにはいかない。ホンネくんの言うことを聞いて、めんどくさいからってお風呂に入らないでいたら、ほんとうにそうなってしまうぞ（いや、冗談じゃなくて、昔のヨーロッパではお風呂に入る習慣がなくて、ほんとうにそこらじゅうがくさかったんだ）。

　さあそこで、真のヒーローになるためにも、毎日体を洗おう。歯、爪、髪、脇の下もていねいに。いつも清潔にして、身だし

なみを整えよう。いまから試合だから、きっと汗をかくってわかってるときでも。同じように、トレーニングをしたり試合をしたりしたあとも、あわてて家に帰らずに、更衣室で時間をかけて自分を清潔にしよう。清潔でいることは、まわりの人に敬意を払っていることの証だ。もちろん、きみ自身の体に対してもね。

目標

銅メダル：毎晩、ちゃんと歯を磨こう。

銀メダル：運動をしたあと、お風呂に入るとき、ちゃんと湯船につかろう。のぼせてしまわないように！

金メダル：それプラス、2週間に1回は手足の爪を切りそろえよう。

経験値
注意力：5
品格：2

この本を読んでみよう

『テルマエ・ロマエ』
（ヤマザキマリ）

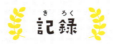

記録

ホンネくんは、きみに何日も体を洗わずに過ごさせてくれる。何日いけたか書こう。

逆にヒーローくんは、きみの体をピカピカにしてくれる。使ったシャンプーの名前を書こう。

体を洗うことはなぜよいのか

ていねいに体を洗うことは、イヤなにおいを避けるために有効だというだけじゃなく、健康でいるためにも必要だ。スポーツをすると体が汚れるし、ほかの選手とぶつかってケガをすることだってある。洗いながして清潔にしておかないといけない。また、汗は皮膚の上に暑くて湿った環境を生む。細菌が増殖したりキノコが生えたりする（！）のに最適な環境だ。きちんと体を洗っておけば、こういうとんでもないサプライズを防ぐことができる。

挑戦 13

ボールを落とすな！

　挑戦6で、リフティングやドリブルの重要性は学んだね。でもじっさいの試合では、いつもドリブルでボールを運んだり、すべてをひとりでこなせたりするわけじゃない。むしろ、チームメイトとボールのやりとりをすることや、いい関係を築くことがいちばん重要だろう。この挑戦を通じて、その能力を育てよう。

　サッカーかバレーのボール、テニスボールを使ってもいい。また、手じゃなくて、テニスやバドミントンのラケットでやってもいいよ。どちらにしても、4人以下でやったほうがラリーが続くのでオススメだ。

みんなで輪になって、おたがいのあいだはじゅうぶんな距離をとろう。バレーでトスをするように、受けとると同時にボールを高く上げて、地面に落とさないようにラリーを続けるんだ。順番は決まってるわけじゃない。ボールを落とさないことに集中しよう。失敗するまでに何回ラリーを成功させたか数えてみよう。まえの記録よりつねに上をめざそう。

　ここからは上級編。同時に2個（かそれ以上）のボールを使ってやってみるんだ。もっと難しくするには、(4人でやるなら)対角線上のふたりをペアにして、それぞれのペアはひとつのボールしかさわっちゃいけないってルールにしてみる。ペアをかえてもやってみよう。または、右手だけしか使っちゃいけないことにする。左足だけとか頭しか使っちゃいけないことにしてもいい。やり方は無限にあるぞ。

目標

銅メダル：ボールを落とさずに、最低50回、ラリーを続けよう。

銀メダル：何種類かのボールで挑戦して、それぞれのボールについて、落とさずに最低50回、ラリーを続けよう。

金メダル：同時にふたつ以上のボールを使って、ボールを落とさずに、最低50回、ラリーを続けよう。

経験値

技術力：5

チームワーク：4

この曲がぴったりだ！

「アップ」
（シャナイア・トゥエイン）

記録

ラリーが続いた数を書こう。いつどこで成しとげたか、
いっしょに成功させた友だちの名前も書こう。

ラリーの回数 .... 　　友だちの名前

場所 ....　　　　　　 ....

....

日付 ....　　　　　　 ....

挑戦 14

ポジティブに考えよう

　あこがれのアスリートになるためには、内面からきたえなくちゃいけない。だんだんわかってきただろう。ホンネくんはいつもラクなほうへ導こうとささやいてくる。この声に意志の力で対抗するのは、ほんとうに難しいんだ。

　スポーツをやっていると、意識していなくても、自分自身と対話する瞬間がつねにやってくる。過去にやらかしたミスを思い出して、1日イヤな気分で過ごしてしまうときだってある。「今日はもうダメだ」って落ちこんだり、「つぎは失敗するわけにはいかない」ってプレッシャーを感じたり。きみにもあるだろう。でもその声は、ホンネくんの声だ。そんなの無視しよう。

ネガティブ思考で行動したって、ネガティブな結果を生むに決まってるんだから。「こんどは失敗しちゃいけない」なんて考えることは、すでに心のなかで失敗したも同然だ。失敗した行動のイメージが頭に浮かんで、自信を失ってしまう。

じゃあ、どうすればいいのかって？　よし、毎回の練習や試合のまえにポジティブ思考になれるルーティーン（習慣としていつもやる行動）を身につけよう。テニスをやっているなら、対戦相手がいない状態で、ボールをネットの向こう側に打ちこむ。サッカーなら、キーパーのいない状態でゴールにシュートを決める。なんでもいい。ポジティブな行動がポジティブな思考を生むんだ。だまされたと思ってやってごらん。その効果の大きさに驚くぞ。

> もっとチャレンジ！

落ちこむことはない。だれにだってうまくいかないときはある。きみも例外じゃない。けっして屈服するな。静かに集中して、世界一のバカみたいに思えても、ポジティブ思考を続けよう。じっとがまんして。まだ。まだだ。最悪のときが過ぎさったら、持久力にボーナスポイント１ゲットだ。

目標

銅メダル：練習のまえに、ポジティブ思考にしてくれる行動をしよう。

銀メダル：試合のまえに、自信がわいてくる行動をしよう。

金メダル：試合でピンチになったとき、自分の自信を高めるためにポジティブに考えよう。

経験値
注意力：5
品格：2
技術力：1

この映画を観てみよう
『リトル・ストライカー』
(ジョン・ヘイ)

記録

きみがきらいなことを5つ書きだして、それぞれについて、どうやったら改善できるのか書こう。

1 ……………………… → ………………………………

2 .... → ....

3 .... → ....

4 .... → ....

5 .... → ....

われらが「メオ」

「メオ」の愛称で知られるロメオ・サケッティは、バスケットボール好きにとっては伝説の存在だ。現在はイタリア代表チームのヘッドコーチだが、かつては選手であり、イタリアでもっとも偉大なウィングのひとりだった。フィールドで彼が見せる闘争心と不屈の精神は、アスリートのあるべき姿だった。その秘密は、まさにさっききみに言ったことだ。

彼はこう言っている。「ぼくはいつもポジティブ思考をすることで、最大限のパフォーマンスを発揮するようにしてるんだ。それがチームに勝利をもたらすカギになったこともある。かならずうまくいくと信じるんだ。大事なのは、だれよりも早く、だれも思いつかないようなプレイを想像し、じっさいにやってみることだ」。

壁の的をねらえ

　挑戦1でパス練習のために見つけた壁は、それ以外のトレーニングにも役に立つぞ。メジャーとガムテープを用意して、壁に長方形を描くように貼りつけよう。これが土台になる。その長方形をじっさいのサッカーゴールと同じサイズ（高さ2.44メートル、幅7.32メートル）にできれば理想的だ。もっと小さいサイズがよければ、そうしよう。

　長方形ができたら、ガムテープを、横に1本、縦に2本加えて、長方形のなかを6つのマス目に区切る。たぶんきみは、ペンキで壁に描いちゃえばもっとラクなのにって思ってるだろう。でも、ヒーローは壁に落書きなんかしないのさ。そうだろう？

　さあ、壁にマス目が描けたところで、これを使って正確さを

きたえるトレーニングをはじめるぞ。壁から何メートルか距離をとってスタンバイする。バレーボールを使って（手で）やるなら5、6メートルってところだけど、サッカーボールを使って（足で）やるなら15メートルは離れよう。6つのマス目のうちどれかひとつを選んで、そこをねらって正確にボールを当てるんだ。

　もちろん、真ん中や下の部分は当てるのがかんたん。難しいのは上の部分だ。それぞれのマス目に点数を割りあててもいいね。ひとりで何点とれるか試したり、友だちと対戦して点数を競ったりしよう。うまくなってきたら、立つ位置を変えて、違う方向からゴールをねらってみよう。右の端っこからねらったり、逆に左からやったり、もっと距離をとってみたり。止まってるボールじゃなくて、友だちにパスを出してもらったり、利き足じゃないほうでやってみたり。

　このトレーニングのやり方は無数にある。いつも違うやり方でトライしていれば、そのうち正確さがぐんと向上するぞ。どのスポーツでも必要な基本テクニックだ。真のヒーローは、自分の思ったところに正確にボールを運ぶことができるんだ。

目標

 銅メダル：ひとつの立ち位置から、6つのマス目すべてにゴールしよう。

 銀メダル：最低3つの別の立ち位置から、6つのマス目すべてにゴールしよう。

 金メダル：最低3つの別の立ち位置から、動いているボールを使って、6つのマス目すべてにゴールしよう。

経験値
技術力：5
品格：1
（落書きせずテープでマス目を描いたなら）

この曲がぴったりだ！
「ワインディングロード」
(絢香×コブクロ)

記録

きみがゲットした最高得点は何点だった？

最高得点　　　2番目の得点　　　3番目の得点

ニルス・リードホルム

ニルス・リードホルムは、偉大なサッカー選手であったと同時に、たぐいまれなサッカー指導者だ(1982-1983シーズンにはASローマをセリエAでの優勝に導いた)。彼はつねに語っていた。「ぼくはスウェーデンのヴァルデマルスヴィクで、小さいころから来る日も来る日も、壁を相手にシュート練習をしていたんだ。テニスボールを使ってね」。

1週間、がまんがまん

 だれにだって、思ったようにうまくいかないときが来る。そんなときはほんとうにしんどい。あこがれのヒーローだって同じだ。だけどこういうことばがある。「しんどいときこそ成長のときだ」。でも、しんどいときっていつなのか、きみがほんとうにしんどいのか、どうやったらわかる？

 それは、きみのなかのホンネくんに聞いてみればいい。ホンネくんがくり返し「もうやめようぜ？　疲れただろ！」って言ってくるようなとき。そんな大きなストレスのなかでこそ、トレーニングを続けよう。それは裏を返せば、きみがめちゃくちゃ成長できるボーナスタイムなんだから。

今回の挑戦では、きみが欲求をどれくらいがまんできるかを知ることができるだろう。まずはごはんから。きみの師匠に、このチャレンジ期間には、ごくごくシンプルなものしか食べないことを知らせておこう（具のないパスタ、ハムとサラダ、パン、朝食やおやつの時間にはフルーツだけ）。お菓子やキャラメルやガムはどこかへやってしまおう。炭酸ジュース、牛乳、フルーツジュースなんかもダメだ。飲みものは水だけ。

　それだけじゃない。ふかふかのベッドで寝るのも禁止。床に寝袋で寝よう。

　だれも見てなくても、ズルをしちゃダメだぞ。これはきみのがまん強さをみるテストだ。きみの体の声に耳をすませて、もうこれ以上は無理だってなったら、この挑戦を終了しよう。いつでももう1回チャレンジしていい。こんどはきみにとって何が不必要なのか、じゅうぶんに理解できたうえでだからね。

目標

銅メダル：1日がまんしてみよう。

銀メダル：1週間がまんしてみよう。

金メダル：1週間がまんしたあと、あまいものと炭酸ジュースを口にしないチャレンジは1か月続けてみよう。

経験値
持久力：5

この映画を観てみよう
『キャスト・アウェイ』
（ロバート・ゼメキス）

記録

1週間に食べたメニューを書こう。

	昼食	夕食
月		
火		
水		
木		
金		
土		
日		

床の上でボール遊びだ

　今回のチャレンジはとてもシンプルだ。そんなに苦労せず、柔軟性を高めながら、ひざの力を強化することができる。

　床の上にタオルを広げて、その上にゴルフボールかテニスボールを置く。そして、片足を（靴下を履いて）その上に乗せて、前にやったり後ろにやったり、円を描くように動かしたりしてみるんだ。足をボールから離しちゃダメ。ただし、体重をぜんぶかけてしまうと足を痛めるので注意！

　タオルを敷いておけば、ボールをなくしにくくなるぞ。なくしにくくなるってだけで、どこかへいってしまう危険性はなきにしもあらずだ。気をつけよう！

　最低5分間はやってみよう。そのあと、もう片方の足でもやってみよう。この運動を、1週間に3回はくり返そう。

目標

 銅メダル：とりあえず1セットやってみよう。

 銀メダル：1週間に3セットやってみよう。

 金メダル：1日1セット、1か月続けてみよう。

経験値
持久力：5
注意力：1

この曲がぴったりだ！
「ロール・ウィズ・イット」
（オアシス）

記録

いろいろな部屋で試してみよう。どこの床がやりにくかった？

ジャンプ！

　ジャンプ練習は楽しいのと同時に、ほとんどすべてのスポーツでとても役に立つトレーニングでもある。脚力と持久力を高めてくれるし、体幹やバランス能力もきたえることができる。

　今回のチャレンジでは、ジャンプ力をきたえるトレーニングを集中してやってみよう。いろんなジャンプがある。高く、長く、助走をつけて、片足で、両足をそろえて。つぎの2種類のジャンプを参考に、さまざまなジャンプを試してみよう。

1―地面にしゃがみこんで手をついて、その丸まった姿勢から、できるだけ高くジャンプする。着地したら、同じ姿勢にもどる。カエルみたいでおもしろいけど、強靭な足腰にきたえあげる最高の方法でもある。

2―両足を使って、弾むように連続でジャンプする。ひざを曲げて、できるだけ太ももを高く上げるように。しんどくなるまで、できるだけ続けよう。師匠に頼んで、ホイッスルを使ってピッ、ピッ、ピッ、とリズムをきざんでもらおう。

ひとつだけ守ってもらいたいことがある。足が地面に着くときにも気を抜かないこと。でないと、足首をねんざしてしまう危険があるからね。真のアスリートは、ジャンプをしている最中も、つねに集中を怠らないんだ。

目標

銅メダル：いろいろなジャンプをくふうしながら、10分間続けてみよう。

銀メダル：いろいろなジャンプをくふうしながら、20分間続けてみよう。

金メダル：いろいろなジャンプと、上でオススメしているふたつのジャンプを自由に組み合わせて、20分間続けてみよう。

経験値
持久力：5
注意力：1

この曲がぴったりだ！
「ジャンプ」
(ヴァン・ヘイレン)

記録

どんなジャンプをした？ 高く、長く、後ろに体をそらせながら？ トランポリンを使って？ 高さや長さの記録を書いておこう。

どんな？	記録
....	....
....	....
....	....
....	....

雲まで飛ぶ男、ハビエル・ソトマヨル

走り高跳びの世界で史上もっとも偉大な選手は、キューバ人のハビエル・ソトマヨルだ。彼は小さいときから、ジャンプのたぐいまれな才能を発揮していた。1984年、17歳のとき、2メートル33センチの記録を出し、翌年以降も記録を更新しつづけた。彼は走り高跳びの世界記録保持者であり、1993年に出した2メートル45センチの記録は、現在にいたるまで破られていない。

挑戦 19

幸せの貯金箱

　ヒーローはけっしてくじけない。その理由のひとつは、逆境やネガティブなことや、不幸や悲しい瞬間に立ち向かう能力にある。なかには、生まれつき、かんたんに困難を乗りこえたり打ちやぶったりできる人もいる。でもこの能力は、ほかの多くの能力と同じく、きたえて伸ばすことができるんだ。

　悲しみをどこかへやってしまういちばんかんたんな方法は、うれしいことや楽しいことについて考えることだ。問題は、悲しいときに楽しいことを考えるのはめちゃくちゃ難しいってこと。そこで役に立つのが、幸せの貯金箱だ。

　すぐにつくってみよう。かんたんだ。箱がひとつあればいい。紙製の箱がいいな。それか、口がじゅうぶんに広くて紙を差し

こめる花瓶がいい。それに、「幸せの貯金箱」って書くんだ。いったいそこに何を入れるのかって？

うれしいことや楽しいことがあって幸せな気分になったら、それを小さな紙に書いて、小さく折りたたんで貯金箱に入れる。日付もちゃんと書いておくように。ぼくらは毎日最高の瞬間を生きてるんだって、いつも思い出せるようにさ。こうすることで、幸せはずっと大切に貯めておける。

何か月もたって、きみが悲しい気分になったとき、どうしたらいいか、わかるよね。貯金箱を開けて、そこに入れておいた幸せの記憶を読みかえしてみるんだ。ね、すごくかんたんに笑顔になって、きみを苦しめてたイヤなものは、どこかへ行っちゃっただろう？

どんなささいなことでもいいから、よかったことや幸せだったことを毎日少なくともひとつ書いて、貯金箱に入れていこう。

使うべきときが来たら開けてみる。そこにあるのはただのことばなんかじゃない。うまくいかないときがあっても、笑って困難を乗りこえさせてくれるパワーなんだ。

笑顔をとりもどしたら、トレーニングを再開だ！

目標

 銅メダル：貯金箱に、幸せのメモを10枚入れよう。

 銀メダル：1日に最低1枚、1か月入れつづけよう。

 金メダル：つらいことがあったとき、貯金箱を開けて幸せのメモを読んで、乗りこえよう。

経験値
注意力：5
品格：1
持久力：1

この映画を観てみよう
『ポリアンナ』
（デヴィッド・スウィフト）

記録

幸せのメモはぜんぶ貯金箱に入れて、とびきりのやつをここにも書こう。

チェスで戦え

　人はチェスについて、こう言う。「王様のゲームであり、ゲームの王様だ」ってね。

　王様のゲームっていわれるのは、チェスっていうことばの語源がペルシア語のシャー（王様）だということと、キングという駒がチェスでいちばん重要な駒だからだ。

　ゲームの王様っていわれるのは、チェスをするときに必要な頭の使い方が、多くのスポーツ指導者が「戦略的思考」と呼ぶ能力をきたえるためにとても役に立つからだ。状況を読む能力、起こりうるであろう敵のつぎの動きを予測する力のことだ。

　ああ、きみのホンネくんが「チェスなんて難しくてわかんないよ」ってぼやいてるのが聞こえてくるようだよ。あのね、そんなのめちゃくちゃ損をしてるぞ。

遊び方がわからないのなら、きみの師匠に教えてくれるように頼んで、何回か対戦してもらおう。友だちとやったり、パソコンやスマホでやってもいい。うまくなっ
てきたら、まわりのプレイヤーたちがつぎにどう駒を動かすのか予測できるようになるし、それぞれの特徴（こいつはナイトで攻めてくるな、とか、ルークが好きだな、とか、キングとクイーンしか動かさないな、とか）もわかるようになる。自分や相手の行動の結果がどうなるのかも、だんだんわかるようになってくる。

目標

 銅メダル：チェスの駒の動かし方とルールを覚えて、とりあえず1回だれかと対戦してみよう。

 銀メダル：師匠か友だちに1回は勝とう。

 金メダル：連続して5回勝とう。

経験値
注意力：5
持久力：2

この本を読んでみよう
『ボビー・フィッシャーのチェス入門』（ボビー・フィッシャー）

記録

いちばんたくさん駒を残して勝ったときのことを書いておこう。

サッカーとチェス

ワールドカップがはじまると、サッカーの試合のために町全体がストップするなんてのはよくあることだ。とくにイタリア、スペイン、ブラジル、イギリスなんかでは日常茶飯事だ。だけど、アルメニアでは少なくとも1回、チェスの試合のために国全体がストップしたことがある。それは1963年3月20日だった。チグラン・ペトロシアンはモスクワで世界タイトルに挑戦していた。2000キロも離れた首都エレバンでは、みんなラジオにかじりついて、試合のゆくえに固唾をのんでいた。彼が世界タイトルをとったとき、地鳴りのような歓声が町を揺るがした。チェスはアルメニアの国技になっていて、チェスを学ぶ学校もたくさんあり、9歳になったら入学することができる。世界チャンピオンをめざすためにね。

21

ノンストップで走れ

　走ることは、自然がぼくらにあたえてくれた完璧な運動のひとつだ。ぼくらの健康を維持してくれるし、脳を活動的にし、ストレスを軽減させ、不安を減らし、体と心のエネルギーをチャージしてくれる。それは科学的に証明されている。なんのスポーツをするにしても、アスリートにとっては、走ることはすべての基本になるんだ。

　だれだって走りはじめたときは元気いっぱいだ。だけど息が切れて立ちどまってしまうまで、どのくらいがまんできる？ここがポイントだ。このチャレンジの目的は、スピードじゃなく、持久力をきたえること。あこがれのアスリートに近づくためには、少なくとも30分間、止まらずに走りつづけることが

できないといけない。もちろん、すぐには不可能だろう。最初の日は、せいぜい5分が精いっぱいってところかな。だけど、継続的にトレーニングを続ければ、持久力が少しずつアップしていくのを感じるはずだ。

そのためにきみがやるべきことは少ししかない。足にあった靴を履いて、ぴったりのトレーニングウェアに身を包む。そして、コースを選ぶ。きみが田舎に住んでるのなら、選択肢が多くてどこを選ぶべきか困っちゃうかも。町なかに住んでるのなら、公園がベストかな。歩道を走ってもいいけど、いずれにしても車にはじゅうぶんに注意すること。はじめの何回かは、師匠につきそってもらっていっしょに走ろう。コースの安全性をいっしょにチェックすることができる。速すぎもせず、遅すぎもしないペースを保とう。

どのくらい走りつづけられたか、ストップウォッチを使おう。

なに、走るのなんて退屈だって？ それはきみしだいだ。たとえば、同じように走ってるほかの子となかよく走ってもいい。ヘッドフォンで音楽を聴きながらでもいい（ボリュームを大きくしすぎちゃダメだぞ。まわりの状況にはつねに気を配っておこ

太郎次郎社エディタス

新刊案内 2021春

表示価格は2021年2月現在の税別・本体価格です

あこがれのアスリートになるための50の挑戦

P・バッカラリオほか著／有北雅彦訳

四六変型判・並製・208ページ
本体1600円

真に楽しんだものだけがヒーローになれる

いまのキミに必要なトレーニングは？ 日々の練習を楽しむコツは？ チームワークを高めるために何をすればいい？ 敗北を糧にする強さを身につけるには？──50の挑戦をクリアして、あこがれのアスリートをめざせ。

これならできる、こどもキッチン

お悩み解決！ 2歳からの台所しごと

石井由紀子 著

A5判・並製・96ページ
本体1600円

子どもの「やってみたい」を、どう支える？

「火のついたコンロによじ登る」「洗い物をやめようとしない」「自分でつくったのに食べない」……。子どもの謎の行動は、じつは大きな成長のきざしです。解決へと導く9つのポイントと、21の厳選レシピ。

世界を変えるための50の小さな革命

P・バッカラリオほか著
上田壮一日本版監修 有北雅彦訳

人気冒険ガイド第3弾、今度の標的はSDGs！ 環境破壊、貧困、スマホ依存、ウソ、偏見……。このまちがった世の中にガマンがならない？ さあ、同志とともに、世界をよりよく変える50の革命を起こせ！ 四六変型判・本体1600円

隠れ教育費
公立小中学校でかかるお金を徹底検証

柳澤靖明・福嶋尚子著

義務教育って無償じゃなかったの？ 膨大な入学準備費、教科書よりずっと多い補助教材、家計直撃の修学旅行。教育課程に必須のモノやコトまで保護者負担に頼る、驚くべき実態を明らかにする。 四六判・本体1800円

あなたは何で食べてますか？
偶然を仕事にする方法

有北雅彦著

世の中には、こんなにさまざまな仕事があり、食べていく道がある！ 物語屋、珍スポトラベラー、素潜り漁師……に、かれらはなぜなれたのか。驚いて笑ってグッとくる、エンタメ的進路参考書。 四六判・本体1600円

私は本屋が好きでした
あふれるヘイト本、つくって売るまでの舞台裏

永江朗著

しくみに忠実な労働が「ヘイト本」を生み、本屋の一角で憎悪を煽ることを〝普通〟のことにした―。ヘイト本がつくられ、店頭に並ぶまでのプロセスを現場取材からたどり、そのカラクリを解き明かす。 四六判・本体1600円

下山の哲学
登るために下る

14サミッター 竹内洋岳著
川口穣構成

「頂上は通過点にすぎない。そこから下ってきて完結するのが登山なのだ」。日本人で唯一、8000m峰14座すべての頂に立った登山家は、どのように山を下ってきたのか。山岳書初（！）の下山ドキュメント。 四六判・本体1800円

日本のスミレ探訪 72選

山田隆彦 著
内城葉子 植物画

どこで会えるのか、いつ咲いているのか。北は知床から南は西表島まで探しあてたスミレは167種。スミレ探究の第一人者が、忘れえぬ花たちを出会いのエピソードとともに紹介する。スミレ画72点を収録。　四六判・本体2400円

2021年
4月刊

チャンキー松本の
チョキチョキ切りえ教室（仮題）

チャンキー松本 著

紙とハサミを持ったら、楽しい時間のはじまりだ。動物、食べもの、植物、人間……。重ねて、組み合わせて、立たせて、変身！　愛らしくて面白い、ひらめきが生まれる切りえ遊びを大公開。　B5判・予価：本体1500円【4月刊】

子どもの扉がひらくとき

小川浅子 著

「モンテッソーリたんぽぽ子供の家」の子育てから

自立した人間になるという大仕事を、子どもは全生命をかけてゆっくりと学んでいく──。創設33年を数えるモンテッソーリ園の園長が、たくましく育つ子どもたち、ともに変わっていく親たちの姿を伝える。　四六判・本体1800円

ひとりでできる こころの手あて

八巻香織 著
イワシタ レイナ 絵

セルフケアがわかる本

私はひとり。だけど、ひとりぼっちじゃない。いま痛みがあっても、私は「私」のいちばんの味方になれる。20年にわたり読み継がれてきたセルフケアブックが、充実のリニューアル。いまだからこそ必要なケアを。　A5判・本体1500円

ほどよい距離でつきあえる
こじれないNOの伝え方

八巻香織 著
イワシタ レイナ 絵

「NO」と言えない、断われない。それって性格のせいじゃない。さまざまな場面でNOを伝えるときの基本のステップから、悩ましいケースまで。こじれない、こわれない、つぎにつながるNOのレッスン！　四六判・本体1000円

白川静文字学に学ぶ
漢字なりたちブック 1年生〜6年生
＋別巻

改訂版

★1ページ1字で、学年配当漢字すべてを掲載
★豊かな漢字の世界観を伝えるコラムも充実

伊東信夫 著
金子都美絵 絵

四六判／本文2色刷り
- ■ 1年生：本体1200円
- ■ 2年生〜6年生：各 本体1400円
- ■ 別巻『全漢字まとめ帳』本体600円

- ■ 全7巻セット：本体8800円
  美函入り・古代文字ポスター付

月刊メルマガ＆Webマガジン、はじめました

■ **メールマガジン[Edit-us] たろじろ通信**では
新刊・近刊ニュースや著者によるイベント情報などをメルマガ限定
コラムとともにお届けします。配信申込はWebマガのページから →

■ **Webマガジン[Edit-us]**では
読みごたえある多彩な連載がぞくぞく！…●他人と生きるための社会学キーワー
ド●〈公正〉を乗りこなす（朱 喜哲）●アイドルとのつきあいかた（ロマン優光）●
往復書簡：国籍のゆらぎ、たしかなわたし（安田菜津紀＋木下理仁）●ヤンゴン
は木曜日（能勢理子）●保護者の疑問に事務主査が答えます（栁澤靖明）ほか。

掲載の書籍は全国の書店でお求めになれます。店頭になくお急ぎの場合には小社へ。
電話、FAX、HPにてお申し込みください（代引宅配便にてお届け／送料別）。
太郎次郎社エディタス●電話03-3815-0605●FAX03-3815-0698●www.tarojiro.co.jp

う)。英単語を覚えながら走ったっていい。足は走っていても頭は自由なんだ。最大限に活用しよう！

▶ もっとチャレンジ！

ただ走るのはかんたんだけど、より速く、より長く走って、なおかつひざを痛めないためには、効果的なテクニックが必要だ。つま先に体重をかけすぎてしまう人もいるし、かかとにかける人もいる。足の内側や外側に体重を乗せてしまう人もいる。どこにどんなふうに体重が乗っているのかを意識して、かかとからつま先まで、足の裏全体を使って走ってみよう。技術力にボーナスポイント１点追加だ！

目標

銅メダル：立ちどまらずに10分間走りつづけよう。

銀メダル：立ちどまらずに20分間走りつづけよう。

金メダル：立ちどまらずに30分間走りつづけよう。できるなら、もっと走ってもいい。距離とタイムを記録しておこう。

経験値

持久力：5
品格：1
チームワーク：1
（ほかの子といっしょ
に走るのなら）

この本を読んでみよう

『風が強く吹いている』
（三浦しをん）

記録

きみのお気に入りのコースを
図に描こう。よくすれ違う人
やものを5つ、偶然出くわし
たおかしなことを5つ書こう。

1 ....   1 ....

2 ....   2 ....

3 ....   3 ....

4 ....   4 ....

5 ....   5 ....

寝るまえにテトリスをしよう

　うーん、ご両親にはまったく申し訳ない話だけど、これは科学的に証明されてるんだ。少なくとも、ジェイン・マクゴニガルはそう主張してる。だれって？　世界一偉大なゲームデザイナーじゃないか！（そう、ぼくらはゲームが大好きだ！）

　テトリスを知ってる？　いいぞ！　今回のチャレンジでは、1日に10分間テトリスをしてもらう。これによって、ネガティブ思考を排除し、集中力を高め、不眠症の治療にも効果があるという研究結果があるんだ。つまり、眠りにつくまえの行動としては完璧だってこと。

　10分間、上から落ちてくるパーツをくるくる回転させなが

らうまく組み合わせよう。きみの脳は、目を使った細かい作業に集中する。そうすることで、その日にあったいろいろなことを頭から追いだすことができるという研究結果もある。何かイヤなことがあった日にはとてもいいよね。さらに、解決策を考える能力を養ったり、思考の速度をきたえることにもつながる。これらはヒーローにとって欠くことのできない要素だ。

　こうした効果は、どんなゲームをやっても得られるわけじゃないから、そこは勘違いしないこと。1日に最大10分間、テトリスをやるのが大事なんだ。時間がきたら、ゲームをやめて寝る時間。たとえそのとき新記録をたたき出していたとしてもね。

　ヒーローたるもの、引きぎわを知る心の強さもきたえよう。

目標

 銅メダル：1週間、1日に10分間テトリスをやってみよう。

 銀メダル：2週間、1日に10分間テトリスをやってみよう。

 金メダル：1か月、1日に10分間テトリスをやってみよう。

経験値
注意力：5
品格：1

この本を読んでみよう
『ゲームウォーズ』
（アーネスト・クライン）

記録

10分間でのテトリスの最高得点を書こう。

……………………………… 点

恐怖を知って、向きあおう

　自分の才能を信じて、あこがれのアスリートをめざす決断をしたなら、乗りこえるべき困難が待ちうけていることも覚悟のうえだね。そこにあえて挑むのは、こわいことかもしれない。それがふつうだ。何かをこわくない人なんていない。ヒーローだってそうだ。でも不思議なことに、きみが何をこわがってるのかはっきりさせれば、そのこわさはなくなってしまうんだ。

　まずは紙を用意して、つぎの5つの質問を書いて、回答も書いていく。紙に書くよりいいのは、師匠に頼んでこれらの質問を言ってもらって、それに答えることだ。きみの回答でわからないことがあれば、さらに質問してもらう。ごまかしはなしだ。それと、時間をかけて考えることがかならずしもよい結果を生

むわけじゃない。即答しよう。あとから答えを変更するのもダメだぞ。

1──イヤなことは何か、はっきりさせよう。理想の自分になれなかったときの最悪のケースを、細部まで想像してみる。きみの人生はどんなふうになっちゃう？　そのことがきみの人生にあたえる影響の大きさは、1から10でいうと、いくつ？　その影響はずっと続く？　その悪夢が実現する可能性はどのくらいある？

2──きみの失敗やまちがいを修正するのに、何をどれだけしなくちゃいけない？　たぶんそれは、想像してるよりずっとかんたんなはずだ。

3──イヤなことにもいい面があるだろう。きみが想像したことがすべて起こったらどうなるのか、もういちどよく考えてみよう。問題点以上に、

きみが思ってもいなかったよい側面がない？　あるなら、それは何？

4──こわいからってあと回しにしてることがある？　たいてい

の場合、あと回しにしたことでやらなければならなくなったことのほうがもっとこわい。電話したりわざわざ会ったりして、説明したりあやまったり……。逃げちゃダメだ。起こりうる最悪の事態を考えよう。それを受けいれて、できることをやろう。きっとそんなに悪くはならない。成功は、きみがイヤな状況に向きあう覚悟があるかどうかにかかってるんだ。

5──こわいからって何かを先送りしたときのことを思い出してみよう。延期することで、精神的にも物理的にも、どれだけしんどいことがあった？　ことばに出して表現してみよう。先送りにして何もしないより、すぐにとりかかってさっさと終わらすほうがよっぽどいいってわかるだろう。やってみてまちがうこともある。だけど、まちがうことを恐れて何もしないのは最悪だ。

郵 便 ハ ガ キ

1138790

料金受取人払郵便

本郷局承認
4478

差出有効期間
2022年
10月31日まで

（受取人）

東京都文京区本郷3-4-3-8F

太郎次郎社エディタス行

［読者カード］

|||||||||||||||||||||||||||||||||||||||||||||||||||||||||||

●ご購読ありがとうございました。このカードは、小社の今後の刊行計画および新刊等の
　ご案内に役だたせていただきます。ご記入のうえ、投函ください。　案内を希望しない→□

☎
ご住所

お名前

☎

E-mail　　　　　　　　　　　　　　　　　　　　　　　　　男・女　　　歳

ご職業（勤務先・在学校名など）

ご購読の新聞	ご購読の雑誌

本書をお買い求めの書店		よくご利用になる書店	
市区 町村	書店	市区 町村	書店

お寄せいただいた情報は、個人情報保護法に則り、弊社が責任を持って管理します

書名 [　　　　　　　　　　　　　　　　　　　　　　　　　]

●──この本について、あなたのご意見、ご感想を。

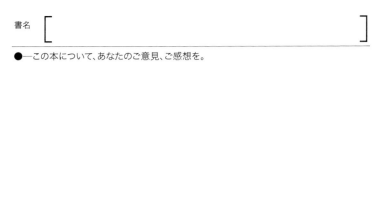

お寄せいただいたご意見・ご感想を当社のウェブサイトなどに、一部掲載させて

いただいてよろしいでしょうか？　　　　　（　　可　　匿名で可　　不可　　）

この本をお求めになったきっかけは？

●広告を見て　●書店で見て　●ウェブサイトを見て

●書評を見て　●DMを見て　●その他　　　　よろしければ誌名、店名をお知らせください。

☆小社の出版案内を送りたい友人・知人をご紹介ください。
ふりがな
おなまえ

ご住所

目標

 銅メダル：5つの質問にそれぞれ答えよう。

 銀メダル：こわいことをひとつ克服するために、何か行動を起こすと決めよう。

 金メダル：きみをこわがらせていたあるひとつのことが、もうこわくないって気づこう。

経験値

品格：5
持久力：1

この映画を観てみよう

『ハリー・ポッターとアズカバンの囚人』
（アルフォンソ・キュアロン）

記録

きみが恐れてることを5つ書こう。その恐怖がどこかへいってしまったら、消していこう。

1 ....
2 ....

3 ....

4 ....

5 ....

ヒーローだってこわい

ヒーローだって人間だ。人それぞれに、何かを恐れてる。負けることを恐れるのと同じように、勝つことを恐れる人もいる。これはニケフォビアと呼ばれ、テニス選手のあいだでとくによく見られる現象だ。元サッカーオランダ代表のデニス・ベルカンプは、飛行機がテロに遭ったことのトラウマから、遠征に参加するときも、つねに電車で移動していた。元イングランド代表のデビッド・ベッカムは、散らかった状態を恐れていた。もしきみが暗いところがこわいのなら、小さいころの経験に原因があるのかも。テニスのスター選手、ラファエル・ナダルもそうなんだから！

ふたりのキーパーゲーム

　これはおもしろい挑戦だ。仲間どうしの理解を高め、さまざまな状況を乗りこえる力をきたえてくれる。また、想像力、思考力、観察力、空間認識能力などをきたえるのに役に立つ。このチャレンジに挑むには、サッカーゴールが必要だ。だけど、壁にテープを貼りつけるだけでも、じゅうぶんその役目は果たしてくれるぞ。

　まずはやってみよう。ふたりのプレイヤーがゴールの前に立つ。ゴールキーパーだ。ほかのみんなは、パスでボールを回しながら（ひとりよがりなプレイはダメだ）、ゴールをねらう。サッカーみたいに足でやるのか、バレーみたいに手でやるのか選ぼう。手でやるときは、ハンドボールみたいにボールをつかんで

103

OK。

重要なのは、パスを回して、ゴールを決めること。

ゴールエリアのなかからゴールを決めちゃいけない（サッカーコートでやってないなら、ゴールのまわりの地面に適切な距離で半円状に印をつけよう）。

もちろん、キーパーがふたりいるのが、このチャレンジの難しい点だ。ゴールを守る子は、相棒のキーパーをじゃましないように気をつけること。

師匠に頼んで、攻撃側がゴールを決めるまでに何分かかったか、ストップウォッチで計ってもらおう。そして、キーパーのコンビがどれだけの時間ゴールを守りぬいたかメモしておく。

ゴールが決まったら、キーパー役をかえて再開。こんどのコンビは、はじめのコンビの出した記録を破ることをめざす。メンバーみんながキーパー役をしたら、いちばんのコンビを発表して終了にするか、組がえをしてもう一巡やってみよう。

⟩ もっとチャレンジ！

キーパーがふたりだから、ボールも同時にふたつ使ってやってみよう。ボールのひとつは足だけで、もう片方は手を使ってやってみる。協力してゴールをねらうオフェンス側にとっても、おたがいにじゃませずにゴールを守りきらなければならないディフェンス側にとっても、ゲームがぐっと難しくなるだろう。チームワークにボーナスポイントを1点追加だ！

目標

銅メダル：友だちといっしょにこのゲームをやってみよう。

銀メダル：まえのコンビの記録を破ったら、何度か連続して守りぬこう。

金メダル：手と足と両方使うやり方でやってみよう。

経験値

チームワーク：5
注意力：1

この曲がぴったりだ！

「ザ・ロンゲスト・タイム」
（ミー・ファースト・アンド・ザ・ギミー・ギミーズ）

記録

いちばん長くゴールを守ったコンビのふたりの名前と、いちばん早くゴールを決めたメンバーの名前を書こう。

1分間、ほんとうの呼吸をしてみよう

　これはとてもかんたんな挑戦だけど、きみが想像するよりずっと意味がある。ぼくらはみんな呼吸をしている。ごく自然に、1日に数万回も。今回の挑戦は、1分間、呼吸に集中することだ。静かに、深く呼吸しながら、思考の流れを意識して、自分自身やその日の目標のことを考えよう。

　あこがれのアスリートをめざすなら、自分自身やまわりの世界について明確な考えをもつことはとても重要だ。自分の行動、やりたいことや目標についてもね。それを「自覚」っていう。ちょっと立ちどまって、自分と話してみよう。どれだけ忙しい毎日を送っていたとしても、呼吸をする時間がないなんてことはないよね。だから、この挑戦を習慣にするんだ。

1分間の深呼吸を続けよう。毎日、自分に対していいことをするんだって決意する力をくれるし、自分にやさしくすることにもつながる。正しい心の習慣だ。自分にもっとやさしくできるようになれば、もっとかんたんに「自覚」できるようになる。

呼吸の力をあなどらないことだ。

目標

銅メダル：1週間、1日に最低1回はこのやり方で呼吸しよう。

銀メダル：2週間、それを続けてみよう。

金メダル：1か月まるまる、自覚しながら呼吸しよう。できれば1日1分以上。

経験値
品格：5
注意力：1

この曲がぴったりだ！
「ゲット・マイセルフ・バック」
(安室奈美恵)

記録

写真を貼ろう。これ以上無理ってくらい息を吸ったときの顔と、逆に息を吐ききったときの顔の2枚だ。

後ろ向きランニング

　後ろ向きに走ることは、いろいろな能力を向上させるのにとても役に立つトレーニング方法なんだ。なにそれって感じだし、慣れるまではちょっと難しいかもしれないけどね。

　この「レトロランニング（バック走）」は、前向きに走るのにくらべてひざをあまり動かさなくていいので、そのぶん、いつもはきたえられない筋肉を働かせることができる。また、心臓血管機能を強くしてくれるし、通常の走り方にくらべてカロリーもたくさん消費する。なにより平衡感覚がきたえられて、安定した体幹と効果的な走り方を身につけることができるんだ。

　レトロランニングの練習はひとりでもできるけど、いちばんいいのは、師匠についてもらうか、友だちと交替で走ることだ。

友だちに少し前を走ってもらって、進む方向を教えてもらう。こうすることで、きみは進行方向を確認するために頭をしょっちゅうぐるぐるしなくてすむわけだ。もしひとりでやるのなら、つまずかないように気をつけて！

目標

銅メダル：レトロランニングで100メートル走ろう。

銀メダル：レトロランニングで500メートル走ろう。

金メダル：1キロメートルに挑戦してみよう！

経験値
技術力：5
注意力：1
持久力：1

この曲がぴったりだ！
「レッツ・ゴー・バック」
(ザ・ボゥディーズ)

記録

それぞれの距離について、タイムを書こう。

100メートル　　500メートル　　1キロメートル

....

レトロランニング世界選手権

毎年夏に、100メートルから1万メートルの種目で争われる大会だ。世界一のレトロランナーの名前は、トーマス・ドルド。35歳で、ドイツの温泉地として有名なバーデン・ヴュルテンベルク州のヴォルフアッハ出身だ。彼はレトロランニングにおいて、400メートルから1万メートルまでの種目で7つの世界記録を保持している。

いい眠りを手に入れよう

　起きているためには、よく眠らないといけない。眠りは、運動による疲れを回復させるための最大の味方だ。考えてみればあたりまえだけど、ちゃんと眠るってことができてない人がとても多いんだ。

　ここで考えないといけないことはふたつ。ひとつめは、どのくらい眠ればいいのかということ。ふたつめは、どんなふうに眠ればいいのかということだ。

　どのくらいかはかんたん。毎晩最低8時間は眠るのが理想だ。

　じゃあ、どんなふうに？　いちばんのポイントは、部屋を真っ暗にして眠ることだ。それのどこが挑戦なんだ、ってきみは

思うかもしれないけど、よく考えてみてほしい。部屋を真っ暗にするということは、ライト、テレビ、パソコン、充電器みたいな音や光を出すものは、寝室から追いだす必要があるということだ。

それから、硬いベッドのほうがいいというのはじつはまちがいだ。もしベッドを買いかえる予定があるなら、親にそのことを伝えて、やわらかめのマットを選んでもらおう。

準備ができたら、時間をムダにしないように、すぐに眠りに落ちる秘訣を教えよう。いったいどんな？ 第二次世界大戦中に海軍がもちいた、5つの秘密の法則だ。

1—ベッドにあおむけに寝る。顔の筋肉をリラックスさせる。舌もあごもぜんぶだ。おでこもやわらかくしないとダメ。目を休ませてあげるために、目のまわりの筋肉もリラックスさせよう。

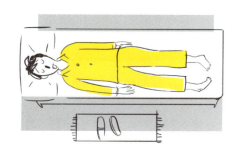

2—肩の力を抜いて沈ませる。そのあとは肩からひじまで、ひじから先、手、手の指と、下に向かって順に抜いていく。

3—息を吐いて、胸をリラックス。つぎに、息を吸って肺をふくらませる。これを10回くり返す。

4─足をリラックスさせる。まずは太もも、つぎにふくらはぎ、足先へと、下に向かって順に力を抜いていく。

5─体全体の力が抜けたら、脳もリラックスさせる。海の真ん中で漂うボートの上にいて、まるでゆりかごみたいにゆらゆら揺れてるところを想像してみよう。ほかにも、自分がリラックスできるシチュエーションならなんだっていいぞ。

おや、もう眠っちゃったかな？

目標

銅メダル：ひと晩に最低8時間は寝よう。

銀メダル：自分にあったベッドで、ひと晩に最低8時間は寝よう。

金メダル：真っ暗な部屋で、自分にあったベッドで、ひと晩に最低8時間は寝よう。

経験値
品格：5

この本を読んでみよう
『くらやみ こわいよ』
（レモニー・スニケット）

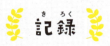

記録

だれにも起こされずに何時間眠れた？

.... 時間

トレッロで遊ぼう

　トレッロは、サッカーから生まれたおもしろいボール遊びだ。手を使ってプレイしてもいい。ひとりではできない。少なくとも3人か4人は必要だね。最高なのは、15人で遊ぶこと。目の力を養って、空間認識能力と正確なパスを出す力をきたえることができる。どの能力も、アスリートにとっては欠かせない。

　まずはみんなで大きな輪になろう。ひとりをランダムに選んで、真ん中に立たせる。さあ、スタートだ。まわりの子たちはボールをパスで回して、真ん中の子にはぜったいにさわらせないようにしないといけない。逆に真ん中の子は、なんとかして

ボールにさわるようにする。

　真ん中の子がボールにさわることができたら、ボールをカットされた子と真ん中の役(やく)をチェンジして、ゲームを続(つづ)けよう。

　サッカーボールを使って足だけでやってもいいし、バレーボールを使って手だけでやってもいい。やり方は無限(むげん)にあるぞ。たとえば、部屋(へや)のなかでやるなら、テニスボールを使って手でやってみたら？　真ん中の子

をふたりにしてみたらどうなるかな？　となりの子にパスしちゃいけないってルールにしてもいいし、ヘディングをしていいのは2回だけってことにする、または1回だけにする、それとも……。

▶ もっとチャレンジ！

　師匠(ししょう)に頼(たの)んで、真ん中の子が脱出(だっしゅつ)するまでのタイムを記録(きろく)してもらおう。また、1ゲームの時間を区切ってもらう。挑戦(ちょうせん)が終(お)わって、いちばん多くボールを奪(うば)われた子は、罰(ばつ)ゲームを受(う)けること（罰ゲームの内容(ないよう)ははじめに決(き)めておこう）。負けを素直(すなお)に認(みと)めることができたら、品格(ひんかく)ポイントにボーナス1点追加(ついか)だ！

目標

 銅メダル：トレッロで遊んで、最低1回はボールをカットしよう。

 銀メダル：手だけしか使わないルール、足だけしか使わないルールで、それぞれ遊んでみよう。

 金メダル：1回も真ん中に行かずにゲームをクリアしよう（はじめに真ん中からスタートしたのなら、そのぶんは数えなくてOK!）。

経験値

チームワーク：5
技術力：3

この曲がぴったりだ！

「ユー・キャント・タッチ・ディス」（MCハマー）

記録

友だちが、どれだけきみにボールをさわらせず、真ん中に閉じこめていたか書こう。

敗北を知ろう

　きみがヒーローになれるかどうかは、勝利への意志はもちろん、いかに負けを受けいれることができるかにかかっている。
　試合に負けたとき、きみの胸には、悲しみや怒りがわきあがっているだろう。対戦相手に対するものだったり、審判のジャッジが不公平だったとか、チームメイトの協力が足りなかったとかいう不満だったり。きみのなかのホンネくんがきみに感じさせてる本能的な反応だ。
　いや、そうした感情をもつなって言ってるんじゃない。必要なのは、その乗りこえ方を学ぶことなんだ。ヒーローは、敗北を知り、味方にしなければいけない。敗北を知るっていうのは、試合が終わるまでけっしてあきらめないことであり（ちょっと

したことで試合はひっくり返る！）、結果が出たらちゃんと認めて、新しい挑戦に目を向けることを意味する。

ここに、きみときみのチームメイトがすべき5つの事柄がある。いっしょにでもひとりででも、敗北とのつきあい方を改善するためにやってみよう。

1──試合が終わったら、対戦相手にあいさつをしよう。きみやきみのチームメイトたちがした努力と同じだけの努力を、かれらもしていたんだ。くやしくてしょうがなくても、かれらは尊敬に値する存在だ。

2──審判と握手しよう。たぶん審判だって、何回かはまちがえたはずだ。だけどわざとじゃない。まちがえるのが好きな人なんていないし、審判だってそうだ。そう考えてみよう。

3──きみもチームの一員であるなら、チームメイトを責めちゃダメだ。むしろみんなを励まそう。負けてくやしいのは仲間も同じだ。ミスを具体的に指摘するのは師匠の役目だ。きみじゃない。

4──試合と個人的な失敗についてふり返ろう。同じ過ちを2度とくり返さないように、心に刻もう。

5 ― 1回失敗したからって、いつも失敗するわけじゃない。つぎの試合をよりよくするための薬だと考えよう。改善に改善を重ねたさきに、勝利は輝くんだ。

目標

銅メダル：負けた試合でも、つねに審判に握手を求めよう。

銀メダル：負けた試合でも、つねに対戦相手に握手を求めよう。

金メダル：負けたあとでも、チームメイトを責めたり落ちこませたりせずに、勇気づけることを学ぼう。

経験値

チームワーク：5
品格：3

この曲がぴったりだ！

きみの好きな曲ならなんでも。聴きながら家に帰ろう。少しでもきみが笑顔になれればそれでいい。もしなければ、この曲を聴いてごらん。

「ワンス・アゲイン」
(ライムスター)

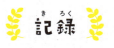

記録

くやしかった順番に、負けた試合を３つ書きだそう。
そこからきみが学んだ改善点も書こう。

1 ....
....
....
....

2 ....
....
....
....

3 ....
....
....
....

なわとびしよう

　なわとびなんて、かんたんすぎてつまらないって？　ぜんぜんそんなことないぞ。脚と足首を強化するためにもっとも有効な運動のひとつだし、持久力と肺活量を伸ばし、ジャンプ力をつけるためにもとても役立つ。あこがれのアスリートになるつもりがあるなら、身につけておいて損はない。

　まず最初にやるべきことは、きみの身長にぴったりのなわとびを用意すること。ぴったりな長さを知るやり方を教えよう。なわとびの真ん中を足で踏んで、グリップをそれぞれの手で持

ち、ちょうど肩の高さになるようにする。それより高くても低くてもいけない。できれはグリップがプラスチックで、ひもの部分はビニール、中に針金が通ってるものを選ぼう。そのほうが扱いやすいんだ。

　さあ、挑戦開始だ。はじめは時間をかけてじっくりやろう。ひもを後ろから前に回して、足をそろえてジャンプ、そして止まる。1回できたら、2回続けてやってみる。つぎは3回、4回と増やしていく。引っかからずに5回続けてできたら、いよいよ本番だ。ほんとうのトレーニングをはじめるぞ。

　集中力がものを言う。ジャンプは小さく、大きく跳びすぎないこと。

　どれだけきみの調子がよくても、初日のエクササイズでは5分以上はやらないこと。翌日に痛みが出ないようにね。はじめるまえと終えたあとに、つねにストレッチをすること。トレーニングを2週間続けられたら、20分に増やしてOKだ。師匠についてもらって、ちょうどいいペースを教えてもらおう。ひとりだと、どうしてもペースが速くなって、引っかかってしまうからね。

　それともうひとつだに。慣れてきたらどこでなわとびをしてもいいけど、はじめのうちは、緑の多い、屋外の広い場所でやったほうがいい。もし引っかかって転んでしまっても（心配ない、どんなヒーローだって何度もつまずくんだ！）、ケガしなくてすむし、ものを壊してしまう心配がないからね。

目標

 銅メダル：引っかからずに5分間続けて跳ぼう。

 銀メダル：引っかからずに10分間続けて跳ぼう。

 金メダル：ペースを変えながら、引っかからずに20分間続けて跳ぼう。

経験値
持久力：5
注意力：2
技術力：2

この曲がぴったりだ！
「ロッキーのテーマ」
（ビル・コンティ）

記録

なわとびの世界記録保持者、岑小林くんみたいには跳べないかもしれないけど、引っかからずに跳べた時間と回数を書こう。

時間　　　　　　回数

....　　　............

....　　　............

....　　　............

....　　　............

中国のなわとび記録

なわとびの世界記録は、2015年、11歳の少年によって樹立された。その記録は「30秒間単なわとび駆け足とび片足110回（両足220回）」。ドバイで開催された第1回世界学生なわとび選手権で、「光速少年」岑小林くんが出した記録だ。あまりの速度に審判のカウントが追いつかず、8回も計りなおすはめになったんだ。

二人三脚レース、スタート！

　二人三脚レースは楽しい挑戦だ。友情を深めるためにも、とても役に立つぞ。
　レースには最低4人が必要だ。もっと多いにこしたことはないんだけど、かならず偶数でないといけない（どうしても人数が足りなければ、師匠に入ってもらおう）。屋外に出て、いいコースを見つけたら、スタートとゴールの場所を決めよう。ふたり1組のコンビをつくって、自分の右足とパートナーの左足（または自分の左足とパートナーの右足）をひもで結ぶ。
　スタート！　コンビはおたがいに協力して、ゴールめざしてできるだけ速く走らないといけない。もちろん、さきにゴール

したコンビが勝ちだ。

やってみたら、転ばずに走るのが意外と難しいことがわかるだろう。パートナーとしっかり練習して、正しいリズムをつかまないといけない。何度もレースして、パートナーをチェンジしてもやってみよう。

▶ **もっとチャレンジ！**

みんなが二人三脚の動き方をマスターして、速く走れるようになったら、ふたつのチームに分かれて、ゴールをつくって、3本足でサッカーの試合（手でやるならバレーボールの試合）をやってみよう。はっきり言ってめちゃくちゃ難しいけど、楽しさは保証する。チームワークにボーナスポイント1点追加だ！

目標

 銅メダル：二人三脚レースで速さを競ってみよう。

 銀メダル：二人三脚レースで持久力を競ってみよう。

 金メダル：コースとパートナーをいろいろチェンジして、二人三脚レースをやってみよう。

経験値

チームワーク：5
持久力：2
注意力：1

この曲がぴったりだ！

「ベター・トゥギャザー」
（ジャック・ジョンソン）

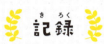

記録

どの友だちといちばんうまく走れた？ 逆にうまく走れなかったのは？ その理由はなんだと思う？

挑戦 32

ボッチェを極めよう

　ボッチェは、パラリンピックの正式競技である「ボッチャ」のもとになった、ヨーロッパでは古くからあるボール遊びだ。「冗談よせよ！　ボッチェなんて、おじいちゃんの時代の遊びだろ？！」――イタリアの子たちがこの挑戦を聞いたら、そう叫ぶかもしれない。だけどボッチェは、頭をやわらかくして、思いどおりに体を動かす訓練にとても役に立つんだ。

　まずは、パリーノと呼ばれる目標球（ボッチャでいう「ジャックボール」）をフィールドに転がす。そのあと、対戦する両者がそれぞれボールを何球かずつ投げあい、最終的にパリーノのいちばん近くにあるボールの持ち主が勝ちとなる。

　ボッチェをプレイするのに必要なのは、戦略だ。投げるまえに状況を見て、どう投げるかを判断する。ただボールをパリー

ノの近くに転がすだけじゃなく、相手ボールのルートをふさいだり、相手ボールにぶつけて弾きとばしたり。

　遊びながらいろいろな投げ方のテクニックを身につけて、「アプローチ」(パリーノにできるだけ近づけること)と「ボッチャータ」(敵ボールを弾きとばすこと)に磨きをかけよう。

　正確な距離をはかる集中力や平衡感覚、なによりも、精密なボールコントロールを身につけることができる。とくにボッチャータは、観察力とボールさばきのトレーニングに最適だ。勝者と敗者を分けるのは、ほんの数センチの違いだけ。ヒーローたるもの、ボッチェだって負けるわけにいかない。

　あらゆる投げ方を使いこなせるようになったら、どんどん楽しくなるぞ。自分の隠れた才能にも気づいたんじゃないかな。

　ルールをもっと知りたい？　インターネットで「ボッチャ　ルール」って検索すれば、ボッチャのくわしい情報がわかるはず。自分なりにくふうして遊んでみよう！

目標

銅メダル：ボッチェではじめての試合をしよう。

銀メダル：アプローチのテクニックを身につけて、計画どおりにポイントをとろう。

金メダル：師匠や友だちと対戦して、3回勝とう。

| 経験値
注意力：5
技術力：2 | **この本を読んでみよう**
『リアル』
（井上雄彦） |

記録

楽しかった試合のことを、忘れないように書いておこう。
きみは何点とった？

ヒポクラテスに学ぼう

ヒポクラテスって知ってる？ 紀元前400年ごろに生きていたギリシャの偉大な医者だ。健康にいいという理由から、彼もボッチェを勧めていた。そのころはボールじゃなくて石を使っていた。同じく、ペルガモン出身でビザンチウム（いまのイスタンブール）に住んでいた古代の医者、オリバシウスも、筋肉の衰えの予防として、この遊びを勧めていた。2世紀ごろのギリシャの医学者、ガレノスも、老若男女問わずオススメしていたそうだ。

挑戦 33

よく食べよう

　健康的な食事を正しい方法でとることは、いつの時代でも、あこがれのアスリートをめざすうえで必要不可欠だ。それなのに、きみのなかのホンネくんときたら、いつだってチョコレートやポテトチップスをほしがる。でも、そんな声に耳を貸しちゃ、ぜったいにダメだぞ！

　ここからは、きっときみもできる、ごく一般的なアドバイスだ。親か師匠に手伝ってもらって、やってみよう。

　まずなにより、1日に5回は食事をとること。朝食、午前中の補助食、昼食、午後のおやつ、そして夕食だ。こまめに何かを食べるのがいい。けっして食べすぎないように。家族で3回のメインの食事をとるのがきみの家の習慣なら、残り2回、午前中の補助食と午後のおやつの時間をとろう（くだものとかがいいね）。カロリーを効果的に消費するのを助けてくれる。毎日、

いろいろ違うものを食べるようにしよう。できれば2種類のくだものと1種類の野菜を食べるように。

スイーツやスナック、ポテトチップス、ポップコーン、炭酸ジュースなんかは避けたほうがいい。果汁100パーセントのジュースも飲みすぎはダメ。

カロリーメイトみたいな、スナックバータイプの栄養調整食品も必要ない（あれは大人のためのものだ）。サプリメントもとりすぎはNGだ（せいぜい、トレーニングのあとにひとつ飲むくらい）。

ゆっくり食べよう。よく噛もう。食べものを消化し、体内に栄養素として吸収する助けになる。

水をたくさん飲もう。1日に最低1.5リットルだ。つねに筋肉にじゅうぶん水分を補給しておくこと。

いつトレーニングをするのかによっても、食事の内容を

うまくふり分けよう。午後の早い時間に運動するのなら、午前中の補助食はたっぷりとって、昼食は少なめにしないといけない。夕方にトレーニングするなら、昼食は多めにとって、おやつは軽くすまそう。

目標

 銅メダル：お菓子や炭酸ジュースをとらないようにしよう。

 銀メダル：お菓子や炭酸ジュースをとらずに、1日最低1.5リットルの水を毎日飲もう。

 金メダル：栄養の専門家に頼んで、きみに必要な栄養をとれるメニューを考えてもらおう。

経験値
品格：5
注意力：2

この映画を観てみよう
『くもりときどきミートボール』
（クリス・ミラー、
フィル・ロード）

今週、何食べた？

....

....

....

よいキャプテンたれ

　どのチームにも、そのチームを象徴するプレイヤーがいる。キャプテンは、チームの支柱的存在だ。あたりまえだけど、ヒーローになりたいなら、キャプテンになるにはどうすればいいのか知らないといけない。

　大事だからよく聞いてくれ。アスリートとしてすぐれていればキャプテンになれるのかというと、それだけじゃ足りない。リーダーである必要があるんだ。これは教えて身につけられるものじゃなくて、きみがひとりで学びとらないといけない。とはいえ、いくつかのアドバイスはある。守るべき十戒（10のルール）を教えよう。

1—キャプテンにはだれでもなれる可能性がある。だけど、きみのことをリーダーだと認めて、自分たちのお手本であると言ってくれるのは、きみじゃないほかの人だ。時間と根気が必要だ。何年もかかるかもしれないと覚悟しよう。ミスをおかすことを恐れず、つねに率先してベストをつくそう。

2—リーダーであるための方法はいろいろだ。とくに苦労せず、仲間やコーチに対して、自分の意見をことばで表現できる人もいるし、つねに自分の行動で手本を示すような、無口なキャプテンもいる。きみのキャラクターにあったスタイルを選ぼう。

3—試合のあいだじゅう、みんなに気を配らないといけない。あきらめるのはいちばん最後だ。つねに全力投球。トレーニングのときも同様だ。チームを最優先に考えること。

4—スポーツマンシップの見本であれ。対戦相手に敬意を払い、試合の最後にはみんなに手を差しだす。どんなにピリピリした雰囲気だったとしても。対戦相手にもつねに礼儀をもって接するのがリーダーの役目だ。

5—審判にも敬意を払う。ミスジャッジをしたり、あきらかなファウルを見過ごされたとしても、抗議しちゃいけない。とはいえ、審判がホイッスルを鳴らした理由について議論するのを

恐れてはいけない。なぜファウルをとったのか礼儀正しく質問し、誤審じゃないかと思ったワケを説明しよう。ケンカ腰でつっかかるんじゃなくて、理性的にふるまおう。

6──自分の失敗には責任をとる。過ちを認めることは大事だとチームメイトたちにわかってもらおう。悪いことをしたときは言い訳をしない。必要があればあやまる。「ぼくのミスだ。み

んな、許してほしい」、こんなふうにね。きみが責任をとる覚悟がないなら、きみの仲間も同じようにしか行動しないだろう。

7──ポジティブな態度をくずさない。試合に勝てないかもしれない、うまくいかないかもしれないなんていう印象をチームメイトにあたえないこと。きっとうまくいく。そうみんなに確信させよう。

8──仲間がミスをしても、きみが信頼してることを伝えよう。肩をぽんとたたいて、こんなふうに言う。「だいじょうぶ！つぎはゴールを決められるさ」。みんながいるから心配いらないって、愛情をこめて伝えよう。

9―つねに仲間たちのために動こう。とくにきみより若いチームメイトのために。問題をかかえている子がいたら、呼びだして悩みを打ちあけてもらって、いっしょに解決策を考えよう。

10―フィールドの外でも、はずかしくないふるまいをしよう。きみはチームの代表だ。きみがどうふるまうかが、チームメイトの行動にも影響をあたえるんだ。

目標

銅メダル：上の十戒のうち、最低3つは実行しよう。

銀メダル：上の十戒のうち、最低6つは実行しよう。

金メダル：十戒すべてを実行し、(まだキャプテンじゃなくても) きみこそがキャプテンにふさわしいと師匠に示そう。

経験値

チームワーク：5
品格：4
注意力：2

この映画を観てみよう

『ティーン・ウルフ』
(ロッド・ダニエル)

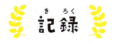

きみの信念や主張を表すことばを書こう。きみがチームのキャプテンになったときには、それを行動の規範にするんだ。

挑戦 35

機械を持たずに歩こう

　きみは毎日、歩いてるだろう。外に出かけなくても、たとえば別の部屋に移動したり、きっとすごくたくさん歩いているはずだ。だけど、きみはそれをどのくらい意識的にやってる？ まわりの環境に身をゆだねて、音を聞き、香りをかぎ、色を愛でながら外を歩くことが、どれくらいすばらしいか、きみは考えたことない？

　よし、やってみよう！ ヒーローになりたいのなら、最低でも週に1、2回は外を散歩することが必須条件だ。きみをリラ

ックスさせ、世界に対する鋭い感覚を育て、肉体にもいい影響をあたえてくれる。精神衛生上も最高だ。やってみたらわかるけど、自分自身について考えたり、自分の時間をどう使おうか思いをめぐらすのって、歩きながらのほうがずっとかんたんなんだ。

　できるだけ緑の多い安全な道を選ぼう。すべての感覚を研ぎすませて、最低1時間は歩くようにしよう。このチャレンジを成功させるためには、気をそらせるものを持ってちゃダメだ。スマホもヘッドフォンもほかの電子機器も、ぜんぶ家に置いておこう。

　きみのなかのホンネくんはたぶん、「そんなの退屈で死んじゃうよ！」って反対するだろう。だけどちょっとやってみれば、ホンネくんがまちがっていて、じっさいはとてもワクワクする行為だってことがすぐにわかるはずさ。いままで気づいてなかったステキな場所が、こんなに近くにあったのかって発見できるし、ネット社会の毒をちょっぴり解毒できるだろうからね。

目標

銅メダル：スマホもほかの電子機器も持たずに、屋外を最低1時間歩こう。

銀メダル：週に2回、屋外を最低1時間歩こう。

金メダル：自然のなかを2時間歩いて、音、におい、そのほか、きみをとり囲むすべてのものに意識を向けてみよう。

経験値
持久力：5
注意力：1

この曲がぴったりだ！
「ウォーク」
(フー・ファイターズ)

記録

電子機器を何も持たずに、どのくらいの時間歩けた？ 耳にイヤホンを突っこんでなくても、何か音が聞こえた？ それはどんな音？

腕立て伏せしよう

　腕立て伏せって、どうやってやる？　ちゃんとやったことがなければ、はじめの1回はかんたんなようで難しい。スタートの姿勢が大事なんだ。
　背中をまっすぐに伸ばすのが基本。そのまま胸を地面に向かって低く沈めていく。床にキスしちゃわないように……。1本の木になったみたいに、背筋をまっすぐに保たないといけないんだ。手をつく位置は、肩幅より少し広いくらいにしておくこと。
　完璧なフォームを身につけるための、腕立て伏せの3つのやり方を教えよう。

1――壁を使った腕立て伏せ

つま先立ちになって、壁に手をつける。腕をぴんと張って、両手の間隔は骨盤の幅くらい。その状態で、腕を曲げて、壁に胸を近づけていく。腹筋に力を入れながらおなかを引っこめて、背中はまっすぐをキープしたまま。腕を曲げるときに息を吸って、もどすときに息を吐く。慣れてきたら、少しずつ足を壁から離していこう。

2――台を使った腕立て伏せ

腰くらいの高さの、固定した台に手をつこう。腕をぴんと張って、腹筋に力を入れながらおなかを引っこめて、腕は肩幅よりも少し広いくらいに広げる。これがスタートの姿勢だ。

台が高いほど、腕立て伏せはかんたんになる。2週間続けたら、台を少し低いものに変えて(階段を使ってもいいぞ)、トレーニングを続けよう。これも、下がるときに息を吸って、上がるときに息を吐く。

3――ふつうの腕立て伏せ

つま先を地面につけて(指は曲げていいよ)、足は骨盤の幅に広げる。腕は、肩幅より少し広いくらいに広げ

145

る。ひじが外側に開くように腕を曲げながら、地面に近づいていく。下がるときに息を吸って、上がるときに息を吐くのも同じだ。

　どのタイプの腕立て伏せを選ぶにしても、10回やったら1分休憩。これを1セットとして、最低4セットするのが理想だ。師匠に頼んで、トレーニングのメニューを考えてもらってもいい。

目標

銅メダル：週3回、壁を使った腕立て伏せ10回を4セットする。

銀メダル：週3回、台を使った腕立て伏せ10回を4セットする。

金メダル：週3回、ふつうの腕立て伏せ10回を4セットする。

経験値
持久力：5
注意力：1
技術力：1

この曲がぴったりだ！
「パンプ・イット・アップ」
（ダンゼル）

記録(きろく)

いちばん多くできたときの腕立て伏せの記録(きろく)を書いておこう。

日付(ひづけ)　　　　時間　　　　　　回数

....　............................　............................

掃除でも一流であれ

　史上最強のラグビーチーム、ニュージーランド・オールブラックスの第1ルールは．どんなにささいなものごとでも見落としてはいけないってこと。だから試合が終わると、オールブラックスの選手たちはロッカールームを掃除して、新品みたいにピカピカにするんだ。

　ロッカールームは、すべてのアスリートにとっての秘密基地と言ってもいい。チームスポーツでは、試合について意見交換をしたり、いい背番号をもらった仲間を祝福したり、師匠のアドバイスを聞いたり、うまくいってないことに向きあったりする場所でもある。そして、ほっとひと息ついたり、くつろいだりするための魔法の部屋なんだ。

そんなステキな部屋をあとにするとき、ぼくらはどうすべきだろう？　考えてみよう。ロッカールームに入るとき、靴は汚れてて、泥だらけだったりもする。飲みおわった空っぽの容器や紙くずが床に散らかってたりもする。そのままじゃよくない。きみのあこがれのアスリートなら、ロッカールームを汚しっぱなしにしておくかな？

　きれいに使うのを心がけるのはもちろん、出ていくときには数分間、掃除をしよう。ひとりでも、チームメイトや師匠といっしょにでも。きみのあとに来る人が、きみと同じように居心地のいい場所だって思えるようにするんだ。「みんなほったらかしにしてるだろ？　なぜ自分だけいつも掃除しなくちゃいけないんだよ？」——きみのなかのホンネくんがこんなふうに言ってきたら、きみが掃除をするのは、きみがヒーローだからだってたたきこんでやろう。

目標

　銅メダル：ロッカールームを汚さないことを学ぼう。

　銀メダル：シャワーのあと数分間かけて、ロッカールームを掃除しよう。

149

金メダル：仲間(なかま)も説明(せつめい)して、ロッカールームをピカピカにしよう。

経験値(けいけんち)
品格(ひんかく)：5
チームワーク：2
(友だちといっしょにやったときだけ)
注意力(ちゅういりょく)：1

この曲(きょく)がぴったりだ！
「クリーニング・グルーヴィー」
(堂島孝平(どうじまこうへい))

記録(きろく)

掃除(そうじ)をするまえとしたあとのロッカールームの写真(しゃしん)を貼(は)ろう。もしロッカールームを使(つか)ってないなら、自分の部屋(へや)でいい。掃除のまえとあとの写真を貼ろう。

最終クォーターの日本

2018年のワールドカップ、決勝トーナメント1回戦、後半アディショナルタイム（追加時間）のたった4分で逆転ゴール。なんて劇的な幕切れだっただろう。それは、日本がベルギーに負けた瞬間だった。そのあと、ロッカールームに帰ってきた日本チームのみんながいったいどうしたか、知ってるかい？ 涙を拭いて袖をまくり、ロッカールームを掃除してピカピカにしたんだ。かれらが去ったあと、そこにはテープも絆創膏もペットボトルも、切符1枚すら落ちていなかった。いや、ひとつだけ残っていたものがある。それは、部屋の真ん中に置かれた紙の「ありがとう」っていうことばだった。

お城を守りぬけ

　これは協調性をきたえるゲームだ。仲間たちと理解を深めあうのはもちろん、すばやいボールさばきの技術力アップにも効果的だ。慣れてきたら、めちゃくちゃ速くボール回しができるようになるぞ。

　友だち5、6人で、なるべく大きな輪になってみよう。その真ん中に、中身（水でもなんでも）の入ったペットボトルを4、5本立てる。これが「お城」だ。

　メンバーのひとりが、円の真ん中、ペットボトルの前に立つ。ほかの子は、おたがいにパスを回しながら、ボールをお城に当てて倒そうとする。真ん中のプレイヤーは、衛兵になったつもりで、ぐるぐる回りながら、お城への攻撃を防がないといけな

い。ペットボトルどうしが近いと、守るのもかんたんだ。慣れてきたら、なるべく大きなお城をつくってみよう。お城が陥落したら（すべてのペットボトルを倒されたら）、お城を再建して、衛兵役をチェンジしてやってみよう。

目標

銅メダル：最低10分間、お城を守りぬこう。

銀メダル：最低15分間、お城を守りぬこう。

金メダル：最低20分間、お城を守りぬこう。

経験値

チームワーク：**5**
技術力：**3**
持久力：**2**

この曲がぴったりだ！

「ドゥ・ザ・キャッスル」
（レキシ feat.
北のパイセン問屋）

記録

成功したパスの数と、そのときのプレイヤーの数を書こう。きみたちがつくったいちばん大きなお城はどんなふう？

　　　パスの数　　　　　　プレイヤーの数

ボール回し

すばやいボール回しは、真剣に球技に取り組むなら、はじめに教わることのひとつだ。サッカーでは、すばやいショートパスをつないでシュートしやすいポイントにボールを運ぶ「ティキ・タカ」というプレイスタイルの基本となっている。一度のワールドカップと2度のUEFAヨーロッパリーグで、スペインチームに勝利をもたらしたスタイルだ。バスケットボールでは、近年のNBAで、サンアントニオ・スパーズとそのコーチ、グレッグ・ポポヴィッチが獲得した必勝パターンだった。グレッグが打ちたてたこの理論は完璧で、大学の研究テーマとしてとりあげられることもあるほどだ。

感情表現を学ぼう

　ぼくらはみんな、感情をもっている。幸せだったり、満足したり、悲しかったり、心配したり、不安だったり、怒ったり、攻撃的だったりする。重要なのは、それをちゃんとことばに出して、だれかに伝えられるかどうかだ。どう？　親に、師匠に、チームメイトに、きみは伝えることができるかな。自分のなかにあるものを外に出すこと。そうすれば、きみはいまよりもっと成長できるし、いろいろな問題を解決することだってできるはずだよ。

　もちろん、心配ごとや腹が立つことをだれかに話すのって、すごく難しいよね。感情を表現するには、勇気と、適切なことばが必要だ。でも友だちどうしなら、ちょっとくらいことば選

びをまちがっても、そんなに問題ない。外に出すのと出さないのとじゃ、ぜんぜん違う。勇気をだして話してみよう！

でもきみのなかのホンネくんは、きみがそうすることに反対だし、「悲しんだり怒ったりしてることをだれかに言うなんて、弱虫のやることさ！」なんて言いだすかもしれない。だけどそれは完全に真逆なんだ。信頼している人に自分の気持ちを打ちあけることは、自分のことをもっとよく知ってもらえるし、どうすればいいかのアドバイスをもらえる、最高の方法なんだから。

目標

銅メダル：師匠や仲間に、心配していること、悲しいこと、腹が立つことを話そう。

銀メダル：師匠や仲間に、心配していること、悲しいこと、腹が立つことを話して、もらったアドバイスを実行に移そう。

金メダル：悲しんだり怒ったりしている仲間を見たら、その子と話して問題を聞き、何かアドバイスをあげよう。

経験値
注意力：5
品格：3

この本を読んでみよう
『アルジャーノンに花束を』
（ダニエル・キイス）

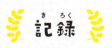

きみにとって腹が立ったこと、幸せだったこと、心配なこと、だれにも言ってないことを書こう。

挑戦 40

星たちの超高速パス回し

　きみのあこがれのアスリートや、そのほかあらゆるヒーローには、共通したひとつの特徴がある。それは、状況を先読みする能力をもっていることだ。つまり、ボールを受けとるまえから、どこにボールを送るのか、どの仲間にパスするのかをすでに思いえがけるということ。ここで紹介するゲームは、その能力を楽しみながらきたえてくれる。
　師匠や友だちとボールを選ぼう。サッカーボールでもバスケットボールでもバレーボールでもいいぞ。よくバウンドして、

158

キャッチしやすいものがいい。きみたちのうちのひとり（その子が「星」役だ！）が真ん中に立って、残りのみんなはそのまわりを囲む。もし5人でやるなら、ふたりは横に、ひとりは前に、もうひとりは後ろに立つ。なんにせよ、等間隔で真ん中の子をぐるりととり囲もう。

　それじゃ、ゲーム開始！

- まわりを囲んでるうちのひとりが、ボールを星にパスする。
- ボールが星のもとに届くまえに、まわりの子のだれかひとりが手をたたく。
- 星はボールを受けとったら、できるだけすばやく、手をたたいた子にパスしないといけない。これのくり返しだ。
- ボールが星にわたるまえに、ほかのプレイヤーが手をたたく。星はボールを受けとったらすぐに、手をたたいた子にパスをする。テンポよくポンポンと進めないといけないぞ！

　たとえば、マルコが星にパスをする。そのあいだにパオロが手をたたく。星はボールを受けとったらすぐに、パオロにパスをする。パオロは星にボールを返す。そのあいだにルカが手をたたく。星はボールを受けとったらすぐに、ルカにパスをする。ルカは星にボールを返す……、こんな感じで、星が失敗するまで続ける。止まっちゃったら、星役をチェンジしてゲームを続けよう。

159

目標

 銅メダル：最低10回パスを続けよう。

 銀メダル：最低30回パスを続けよう。

 金メダル：最低50回、最高速度でパスを回そう。

経験値
技術力：5
注意力：2
チームワーク：1
持久力：1

この曲がぴったりだ！
「スターマン」
（デヴィッド・ボウイ）

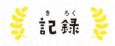

記録

いちばん速く、正確なパスを出せたのはだれ？　何回パスを回せた？

名前　　　　　　　　パスの回数

ベンフィカの星

ポルトガルの有名なスポーツクラブ、SLベンフィカでは、最新のテクノロジーを使って、このゲームをトレーニングにとり入れている。まずアスリート（星）は密室に入り、蛍光色のボールを受けとる。ピーという音が鳴り、まわりの壁のどこかが光る。星は光ったポイントにボールを命中させる。これのくり返しだ。ボールを受けとったら、光に命中させる。毎回、壁のどこが光るか、わからないから、どこをねらうかを一瞬で判断しないといけないんだ。

知らない人の幸せを願おう

　真のヒーローは、ポジティブな価値観や考え方を広め、まわりの人への思いやりを示さなければいけない。それには、じっさいにポジティブである必要がある。そこで、短くてかんたんな挑戦をやってみよう。これをすることで、きみは人間的に成長できるし、ほかの人が何を望んでるのか、敏感に察知できるようになる。

　やることじたいはかんたんだけど、忘れずに実行するのは難しい。これは「思いやり」のエクササイズだ。1日のうちいつでも、10秒もあればできる。きみのまわりにいる人ふたりを選ぼう。よく知らない人でもOKだ。いやむしろ、そのほうがいいかもしれない。その人たちの幸運を心から願うんだ。強く、心から、「この人が幸せでありますように！」ってね。

これでおしまい。うまくできた？「おいおい、いったいそんなことしてなんになるんだよ！」ってホンネくんが言ってきた？　だったらやりなおし！　きみが心からそう思って、半笑いででも表面的でもなくだれかの幸せを願えたのなら、何も言ってこないはずだよ。集中しよう。完全にその思考に没頭するんだ。

　だれかの幸福を願うことは、みんなで幸せを循環させることにつながるんだから。

目標

銅メダル：1週間毎日、だれか違うふたりの幸せを願おう。

銀メダル：2週間毎日、だれか違うふたりの幸せを願おう。

金メダル：1か月間、1日2回、だれか違うふたりの幸せを願おう。

経験値
品格：**5**
チームワーク：**2**

この本を読んでみよう
『ワンダー Wonder』
（R・J・パラシオ）

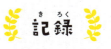

記録

今週、だれの幸せを願った？

1 …………………………… 2 ……………………………

3 …………………………… 4 ……………………………

5 …………………………… 6 ……………………………

7 …………………………… 8 ……………………………

綱渡りでいこう

　どんな不安定な体勢でもバランスを保つこと。これはすべてのスポーツで力を発揮するだろう能力だ。バランス感覚は、ある動きをすることと、それらをなめらかに組み合わせること、この共同作業で成り立っている。

　この能力は生まれつきのものだって思うかもしれないけど、少しの忍耐力と正しいトレーニングできたえることができるんだ。ここでは4つのトレーニング方法を紹介しよう。でも、きみ自身が新しいやり方を考えたってかまわない。なあに、かんたんなことだ。

1―つま先立ち

これはとてもかんたんな運動だ。朝、洗面所で歯を磨きながらだってできるぞ。まずは片足で立つ。うまく立てたらつぎは、つま先立ちになってみるんだ。そのまま20秒キープしよう。片足ができたら、もう片方の足でもやってみよう。少しずつバランス感覚がアップするぞ。

2―ストップ&ゴー

これは動きと動きの組み合わせのトレーニングだ。どこか外の広いところで全速力で走ろう。師匠に見ていてもらって、「ストップ！」と合図を出してもらう。その声を聞いたら、できるだけすぐにその場にストップする。はじめのうちは、両足でふんばって止まるのがやっとだろう。でもだんだん、片足で止まれるようになってくる。

3―綱渡り

どこか外の広いところで、木が2本生えていて、そのあいだの距離が3、4メートル離れているところを探そう。師匠に頼んで、その木と木のあいだにロープを

ぴんと張って結んでもらう。地面から30センチくらいの高さがいい。そのロープの上に乗って、落ちないように端から端まで歩いて、また帰ってこよう。

4―シーソー

この運動には、金属製の短めの丸いパイプと、木の板が必要。パイプを地面に置いて、その上に板を乗せる。両足でその上に乗って、板の両端が地面につかないようにうまくバランスをとってみよう。

目標

銅メダル：1と2のトレーニングを成功させよう。

銀メダル：1～4すべてを成功させよう。

金メダル：1～4すべてを成功させて、1週間に最低3回やろう。

経験値
注意力：5
持久力：2

この映画を観てみよう
『ザ・ウォーク』
（ロバート・ゼメキス）

記録

どんな不安定な状態で、どれくらい長くバランスをとって立っていられた？

どんな状態で　　　　　　　　どれくらい長く

....　　　　................................

トラックスタンド

　トラックスタンドとは、自転車のスプリントレースで使われる、自転車に乗ったまま地面に足をつかず、その場でバランスをとるテクニックだ。目的は、対戦相手を無理やり先に行かせること。相手の後ろに張りつくことで、風圧を受けずに進むことができ、ゴール手前のスプリント合戦で優位に立つことができるんだ。

　レース中にもっとも長くトラックスタンドをしたのは、ふたりのイタリア人、ジョヴァンニ・ペッテネッラとセルジョ・ビアンケットだ。かれらは1968年、ヴァレーゼで開かれたイタリア選手権の準決勝で、なんと1時間と3分ものあいだ、自転車の上でバランスをとりつづけた。だが今日では、30秒以上のトラックスタンドは禁止になっている。

ミカドで集中力を研ぎすませ

「ミカド」って聞いたことある？ ヨーロッパでは有名なテーブルゲームだ。名前は日本語の「帝」から来ている。うまくやるには、持久力、注意力、正確な動きが必要だ。冷静に集中していられるようにトレーニングしよう。

　ルールはとてもシンプル。用意するのは、木製かプラスチック製のいろいろな色に塗られた41本の棒。赤は何点、とか、色によってポイントが決まってる。棒を適当に積みかさねて山をつくったら、ひとりずつ順番に、山をくずさないように棒をとっていくんだ。動かしていいのはとろうとする棒だけ。ほかの棒を動かしちゃダメだぞ。成功したら、もう1本。うっかり動かしてしまったら、つぎの子に交替だ。ごまかしようはないぞ！ 集中力と、正確な手の動きが必要だ。

友だちと対戦するときは、何か小さな罰ゲームを賭けよう。ほどよい緊張感があることで、ゲームはいっそうエキサイティングになるからね。

目標

銅メダル：まずは1試合やってみよう。

銀メダル：友だちに1回勝とう。

金メダル：友だちに5回勝とう。

経験値
注意力：5
技術力：1
チームワーク：1

この映画を観てみよう
『ジュマンジ』
（ジョー・ジョンストン）

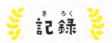

何ポイントをゲットした？　　　　　　ポイント

自転車で走ろう

 すべてのスポーツのなかで、サイクリングはもっともハードなもののひとつだ。プロのサイクリストは愛車にまたがり、でこぼこの上り坂も、足場の悪い下り坂も越えて、太陽に身を焦がされても、雨でずぶぬれになっても、8、9時間連続でこぎつづける。そろそろきみのホンネくんがぼやきはじめたんじゃないか？「どこの物好きがそんなことするんだよ？」って。
 まあじっさい、そこまで極端なレースに挑む必要はない。だけど、自転車を使ってできるいくつかのトレーニングはすごく役に立つ。バランス感覚と心肺機能をきたえられるし、足の筋力アップにはこれ以上ないトレーニングだ。
 挑戦のために、まずは自分の自転車を用意しよう。ふつうの

ママチャリでもいいし、ロードバイクでも、マウンテンバイクでも。つぎに師匠といっしょに、できるだけいろいろなコースを選ぼう。はじめから上り坂とかムチャはしないほうがいいけど、ちょっとしたデコボコ道とかはあってもいいね。理想は円状になったコースだ。そうすれば、走りおえたときに自然と家に帰ってこられる。はじめのうちは、10キロくらいの距離を目安にはじめてみよう。

できれば自転車道を走るのがいいけど、無理なら大きめの幹線道路で、なるべく交通量の少ない道を選ぶ。かならずヘルメットをかぶること。スタートするまえとゴールしたあとは、軽くストレッチしよう。

いいかい？ このチャレンジをちょっとしたハイキングみたいに考えないことだ。足が動くかぎりペダルを踏みこみ、脚力と足首を働かせよう。友だちといっしょに挑戦するのなら、ゴールのときに競争してもいいね。

▶ もっとチャレンジ！

自転車で走るのは、集中してないと危険な行為でもある。とくに街なかでは、イヤホンで音楽を聴きながらってのは禁止だ。車、歩行者、信号機なんかに最大限の注意を払おう。自転車レーンがあるところでなければ、けっして歩道を走っちゃダメだぞ！ いちどもクラクションを鳴らされず、歩行者に文句も言われなかったら、注意力ポイントにボーナス1点追加だ！

目標

 銅メダル：できるだけいろいろなコースを10キロ走ろう。

 銀メダル：20キロ走ろう。そのうち最低1か所は上り坂があるコースを選び、上り坂は全速力で駆けあがろう。

 金メダル：30キロ走ろう。そのうち最低10キロは上り坂に挑戦しよう。

経験値
技術力：5
持久力：3
注意力：2

この曲がぴったりだ！
「バイシクル・レース」
（クイーン）

記録

きみのお気に入りのコースは？　どこからどこまでで、どのくらいの距離がある？　何度か走ってみて、いちばんいいタイムを書こう。

スタートとゴールの場所　　好きなスポット

‥‥‥‥‥‥‥‥‥‥‥‥‥　　‥‥‥‥‥‥‥‥‥‥‥‥‥

距離　　　　　　　　　　　タイム

‥‥‥‥‥‥‥‥‥‥‥‥‥　　‥‥‥‥‥‥‥‥‥‥‥‥‥

「空飛ぶ母さん」マリア・カニンス

　ある分野でヒーローになるには、かならずしも若いうちからはじめないといけないわけじゃない。サイクリストとして有名なマリア・カニンスは、30代まではスキーヤーとして活躍していた。スウェーデンのもっとも重要な長距離クロスカントリーレース、ヴァーサロペットを勝った初のイタリア人女性であり、イタリアのレース、マルチャロンガで10年勝ちつづけた。

　あるとき彼女は突然、自転車のトレーニングをはじめ、レースに出場し、勝ちつづけた。冗談みたいだけど、ほんとうの話なんだ。初出場のレースは32歳のとき、彼女はすでに母親だった（それがニックネームの由来）。ツール・ド・フランス2回、ジロ・デ・イタリア1回、世界大会のタイムトライアル競技1回、その他数々のマウンテンバイクの国内大会でタイトルを手にしている。

挑戦 45

整理整頓するのだ

　スポーツはすばらしい。健康にもいいし、なにより楽しい。試合やトレーニングがあれば、すべてを忘れて集中してしまうだろう。でも、きみがいくら楽しくても、それで家族や師匠によけいな仕事をさせるようじゃ、ヒーロー失格だ。真のアスリートは、自分の用具やウェアの手入れをすることで、自己管理ができることを示さなくちゃいけない。

　まずやらなければいけないのは、きみのスポーツバッグの中身を、きちんと整理整頓することだ。出かけるまえにはかならず、忘れものがないことを確認しよう。着替え、ボディソープ、タオル、シャワー用サンダル、ブラシ、競技用シューズなど。シャワーのあとは、汗をかいた服をバッグに入れて、家に着い

たらすぐにとり出して洗濯かごのなかに放りこむんだ。シューズもきれいにして、ほかの装備の手入れもしておこう。

真のアスリートは、つねに身支度が整っているものだし、もしそうでないときでも、ほかの人の手をわずらわせることはしないんだ。

目標

銅メダル：きみのスポーツバッグと装備を整理整頓しよう。

銀メダル：毎回、ひとりで持ちものの準備をしよう。すべてがそろっていて、足りないものはないか確認しよう。

金メダル：用具一式すべてをひとりで手入れして、毎回準備し、使用ずみのウェアやシューズやタオルを自分で洗濯しよう。

経験値
品格：5
注意力：2
持久力：1

この曲がぴったりだ！
「グレートジョブ」
（チャイ）

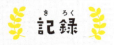
記録

最近、だれかがきみの部屋に遊びにきた？ その子がぐちゃぐちゃな部屋を見て気絶しないように掃除するのに、どのくらいの時間がかかった？

パルマの洗濯作戦

2015年、イタリア北部の都市、パルマのサッカーチームであるパルマ・カルチョ1913は、経済的に困っていた。ユニフォームなどのクリーニングサービスを選手たちに提供することができなくなったんだ。そのときキャプテンのアレッサンドロ・ルカレッリは、チームメイトたちに、バッグ、シューズ、練習道具、ユニフォームなんかを、自分たちで家で洗おうって提案したそうだ。

挑戦 46

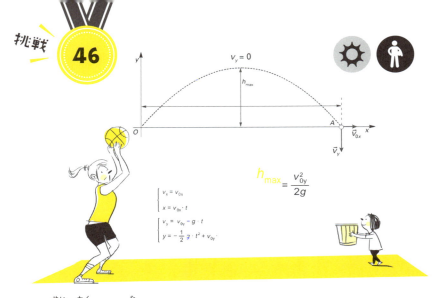

正確に投げよう

　できるだけ遠くに正確にボールを投げることは、多くのスポーツで重要とされる能力だ。たとえばバスケットボールでは、コートの反対側にいる仲間にパスをする必要がある。アメリカンフットボールでもっとも重要なポジションのクォーターバックは、ミリ単位から90メートルまで投げわける技術が求められる。野球のピッチャーは、バッターを空振りさせるために速くて正確なボールを投げなければいけない。サッカーにおいてさえ、キーパーや、スローインをする選手にとって、ロングスローは重要なスキルだ。

　そこで、今回の挑戦では、投球スキルを徹底的に磨いてみよう。どこにどんなふうに投げるかを考えることは、試合全体を俯瞰して見る目を養うことにもつながるぞ。

　ボールがすっぽりおさまる大きさのゴミ箱をいくつか用意し

て（あまり大きすぎるのはダメ、トレーニングがかんたんになっちゃうからね）、距離をとり、そのつど位置を変えられるように設置しよう。

　きみが選んだボール、選んだスポーツのやり方で、ゴミ箱に正確にボールを投げいれてみよう（テニスボールなら、ラケットを使ってやるんだぞ！）。

　ゴミ箱の位置と距離を変えながら、最低30分間は続けてみよう。

目標

銅メダル：最低3回、ゴール（シュート）を決めよう。

銀メダル：用意したすべてのゴミ箱にゴール（シュート）を決めよう。

金メダル：用意したすべてのゴミ箱にゴール（シュート）を決めよう。そのうち最低ふたつは自分から20メートル離れたところに置こう。

経験値
技術力：5
注意力：1
持久力：1

この曲がぴったりだ！
「投げKISSをあげるよ」
（アンディモリ）

記録

ゴミ箱までの距離とゴミ箱の大きさ、投球数と何回入ったかを書こう。

距離	箱の大きさ	投球数	成功回数
......	......	......	......
......	......	......	......
......	......	......	......

ブレット・ファーヴのパス

アメリカンフットボールにおいてもっとも重要なポジションであるクォーターバックには、正確無比なパスが必要とされる。そう、あのブレット・ファーヴのような。彼は1969年生まれで、1992年から2007年までグリーンベイ・パッカーズでプレイした。チームの象徴ともいえる人物だ。302試合に出場し、何万回ものパスを投げ、その総距離は71838ヤード（ほぼ70キロメートル！）におよぶといわれている。インターセプト（味方に投げたボールを対戦相手に奪われること）されたのは、そのうちたったの336回しかない。

挑戦 47

審判と対戦相手を尊敬しよう

　そんなのあたりまえだろって思うかもしれないけど、めちゃくちゃ基本的なことをあらためて確認してみよう。スポーツにはたいてい、ひとりかそれ以上の対戦相手がいる。フィールドでのきみの目的は、かれらを倒すこと。すべてはそこからはじまる。

　ヒーローはつねに勝利をめざすものだ。でも同時に、負けることも知っている。相手がきみより強ければ、当然きみは負ける。だけど、敗北から学ぶことで、きみはさらに上のステージに行けるんだ。対戦相手がいるからこそ、スポーツは楽しくて魅力的なんだということを忘れないでおこう。

　勝ったときは素直に喜び（羽目ははずさずに！）、負けたときにはおたがいが全力をつくしたことを認めよう。今回のところは

相手がきみの称賛を受ける順番だった、それだけなんだ。

　同じように、審判を尊敬することも忘れないようにしよう。審判がいなければ、ルールが複雑なスポーツについては練習すらできない。それに、審判というのはとても神経を使う仕事だ。判断に困るようなややこしい状況でも、即座に決断を下さないといけない。

　そりゃ、ときにはまちがうこともある。それが原因で、きみが負けてしまうこともあるだろう。でも、審判は最善をつくしている。まちがうのが好きな人なんていない。審判だってそうだ。つねに審判のジャッジを受けいれよう。仲間たちにも同じように伝えよう。

▶ もっとチャレンジ！

　いつもと違う相手と対戦するために、メンバーをシャッフルしてチームを組んでみよう。さらに、どれだけ難しいか理解するために、順番に審判役をやってみよう。品格ポイントにボーナスポイント１点追加だ！

目標

銅メダル：対戦相手に礼儀正しく接し、審判を尊敬しよう。

銀メダル：負けた試合のあと、審判と握手をし、対戦相手にお礼を言おう。

金メダル：審判が、対戦相手に不利できみに有利なミスジャッジをしたとき、審判に、判定をくつがえしてもらうようにお願いしよう。ヒーローは、誤審の助けは借りないものだ。

経験値

チームワーク：4
品格：5
注意力：1

この曲がぴったりだ！

「リスペクト」
(BTS)

記録

（チームスポーツをやっているのなら）きみのチームの最高のメンバーと最高の対戦相手の名前、その理由を書こう。

最高のチームメンバー

名前　　　　　理由

最高の対戦相手

名前　　　　　　　理由

....　　　............

....　　　............

....　　　............

....　　　............

学ぶべきふたつの事例

2006年、元イタリア代表のサッカー選手、ダニエレ・デ・ロッシはボールを手でさわってしまったと審判に申告して、ゴールをなかったことにしてもらった。2000年、パオロ・ディ・カーニオは、所属するウェストハム・ユナイテッドFCとエヴァートンFCの試合で、敵ゴールキーパーが足を負傷したとき、ボールを手でキャッチしてプレイを止め、キーパーの治療を優先させた。彼はその年のFIFA（国際サッカー連盟）フェアプレー大賞を受賞し、そのおこないを称賛する手紙をFIFAから受けとることになったんだ。

疑問に向きあえ

　何かを知らない、どうすればいいのかわからない、なんて状況は、だれにでも起こりうるものだ。だから、このことは覚えておこう。外から見たら完璧に思える人でも、ぜったいに何かわからないことはある。きみがあこがれのアスリートをめざしてるんだとしても、わからないことをわからないって言ったり、助けを求めたりすることをはずかしく思う必要は、まったくないんだ。

　たとえば、たまたまきみに、どうしたらいいのかさっぱりわからないことがあったとする。先生から出された宿題の解き方とか、師匠から命じられた運動のやり方とか。こんなとき、き

みのなかのホンネくんがささやいてくるだろう。「わかったふりをしとけばいいじゃん」「バカなやつだなって思われたくないだろ？」——お決まりの誘惑がきみの心をかき乱す。

　だけど、そんな声にしたがってじっと黙ってたら、きみはいつまでも何もできないまんまだ。こうすればいい。わからないことはだれかに質問するんだ。きっと先生や師匠や友だちが、何をどうやったらいいのか喜んで教えてくれる。

　同じように、何かをひとりでできないことに気づいたら、はずかしからずに助けを求めてみよう。いいかい？　すべてをひとりでうまくできるやつなんていないんだ。ぼくらは１人ひとり、自分だけの個性をもっている。だから、ほかの人よりじょうずにできることがきっと何かある。国語が得意な子もいれば、数学が得意な子もいる。サッカーがうまい子もいれば、バレーボールがうまい子もいる。真のヒーローは、必要なときには、助けを求めて仲間を頼ってもいいんだって知ってる。それがチームワークってやつだ。きみも学ぼう。

▷ もっとチャレンジ！

　何かをするのがめちゃくちゃうまい子が、対戦相手のなかにもいるかもしれない。ドリブルの天才とか、ラケットの使い方がプロ級だとか、消える魔球の使い手とか。いったいどうやっ

てるの？ その子に頼んで教えてもらおう。ヒーローは対戦相手からも学ぶ。そうきみが自覚していることを相手にも伝えよう。注意力ポイントにボーナスポイント1点追加だ！

目標

銅メダル：わからないことをわからないって言って、師匠や先生に説明してもらおう。

銀メダル：困難にぶち当たったら、はずかしがらずに助けを求めよう。

金メダル：やり方がわからないことを学んだり、新しい知識を得たりするために、だれかに頼もう（たとえば、きみが泳げないのなら、師匠に頼んで泳ぎ方を教えてもらおう）。

経験値
技術力：5
チームワーク：3
品格：1

この曲がぴったりだ！
「ヘルプ」
（ザ・ビートルズ）

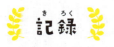

記録

やり方がよくわからなかったり、ちゃんと知らなかったりしたことと、それをいつどうやって理解したのかを書こう。

挑戦 49

いざ、決闘だ

　これは、チームメイトとの意思疎通、正確なパス、試合への意欲などを楽しみながら向上させるゲームだ。

　まず、参加者をふたつのチーム（同人数）に分ける。各チームのメンバーはそれぞれ、1、2、3、と番号を割りふられる（メンバーの数が5人なら、1〜5だ）。決まったら、屋外の広いところに集まって、チームごとに整列して向かいあう。プレイヤーどうしはできるだけ離れて、相手チームと平行に並ぼう。このとき、すべてのプレイヤーは足を大きく開かなければいけない。この1人ひとりの足のあいだが「ゴール」になる。

　師匠は両チームから均等に距離をとって立ち、ひとつ、また

189

はいくつかの数字のプレイヤーを呼ぶ。呼ばれた数字の両チームのプレイヤーは、フィールドの真ん中に走っていき、手か足でボールを操って、試合をはじめる（手でやってるなら、バスケットボールでいう「バウンズパス」の要領でやってみよう）。

もちろん、数字を呼ばれたプレイヤーたちは、おたがいにパスを回していい。ボールが相手チームのだれかの足のあいだを通ったら、1ゴールだ。もういちど列に並んで、ゲームを再開しよう。ボールがゴール役の子の頭上を越えて飛んでいったり、人のいないところとか脇のほうに転がっていったりしてしまったら、その回はノーカウント。列に並んで再開しよう。

師匠はその回のゲームがはじまってからでも、参加するプレイヤーを自由に足したり引いたりできる。

ゴール役の子は、ぜったいに足を動かさないこと。手や、ほかの部分もだ。ゴールを避けるような動きはいっさいしちゃダメだぞ。もし動いた場合、自動的に相手チームに1点入る。はじめは、5ポイントさきにとったほうの勝ちにしよう。

目標

 銅メダル：友だちを集めて、1回やってみよう。

 銀メダル：サッカーのルール（例：ハンド禁止）で最低1試合、バスケットのルール（例：トラベリング禁止）で最低1試合やってみよう。

 金メダル：ボールを2個使ってやってみて、最低1試合は勝とう。

経験値

チームワーク：5
注意力：2
技術力：1

この曲がぴったりだ！

「ウィー・アー・ゴールデン」
（ミーカ）

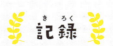

記録

いちばんたくさんゴールを決めて勝った試合について書こう。

親を訓練しよう

　いよいよこれが最後の挑戦だ。ここまでたどり着いたということは、きみはいま、まさにヒーローの称号を手にしようとしているということだ。

　これまでの挑戦で、きみは階段をいくつも昇り降りしたり、自転車で何キロも走ったり、いろいろな種類のボールでドリブルしたりした。なによりも、フィールドの中でも外でも、勝ったときでも負けたときでも、あるべき品格とふるまいを身につけたはずだ。なぜなら真のヒーローとは、つねに勝利をめざして戦いを挑み、たとえうまくいかなくても、対戦相手の価値を

認め、敬意をもって接することができる者のことだからだ。

　だけど、真のヒーローなら避けては通れないことがもうひとつだけある。それは、親を教育することだ。もちろんスポーツという観点からね。

　ヒーローの親たるもの、最低限の品格は身につけてもらわないといけない。以下のことをしっかりと親にたたきこもう。

1──きみを助けないこと。家で練習や試合の持ちものを準備しているときも。何かを忘れたとしたら、それはきみ自身の責任なんだから。

2──きみの師匠やコーチの手腕を疑わないこと。トレーニングのときも試合のときも、どうすればいちばんきみのためになるかを知っているのはかれらだ。きみに練習や試合をさせないときがあるとしたら、きっと何か理由があるんだ。

3──きみの対戦相手の悪口を言わないこと。対戦相手もきみと同じくらいの年齢で、きみと同じようにスポーツに全力で打ちこんでる。

4―きみにボールを回さないとか、きみよりへただとかいう理由で、きみのチームメイトを批判しないこと。きみは、仲間たちが勝つために精いっぱいやっているのを知ってる。勝利はみんなで得るものなんだ。

5―審判の批判をしないこと。だれだってまちがうことはある。審判がミスジャッジをしたとしても、きみを困らせてやろうとわざとやったわけじゃない。だいいち、審判だって、きみと同じくらいの年齢であることも多いんだから。

きみの親は、これらのルールを守ることができてる？　できてないなら、じっくり説明して、教育を受けた親なしでは、真のアスリートになることはできないんだって理解してもらおう。

目標

銅メダル：これらの品格のルールについて、親に話そう。

銀メダル：これらのルールをいまから親に守ってもらおう。

金メダル：きみの親がルールを破ったら、どこがまちがっていたのかをわかってもらって、行動を変えてもらうように説得しよう。

経験値
品格：5
チームワーク：3
持久力：1

この本を親に読んでもらおう

『ぼくはイエローでホワイトで、ちょっとブルー』
（ブレイディみかこ）

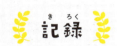

記録

きみの親が応援にきた試合で、きみがはずかしくなかったのは何回あった？

きみはどんなヒーロー？

　きみは、ぼくたちが用意した挑戦をきっかけに、チャレンジし、乗りこえることを学んだ。きみのなかのホンネくんに、ヒーローくんのやり方をたたきこんだ。バカなことはまだまだたくさんするけど、きみの決断を妨げるようなことはもうなくなった。

　きみはみずからの体が強靭なことを学んだ。頭はもっと強い。ふたつがあわされば、どでかいことを成しとげられるだろう。

　挑戦のなかには、ピンとこないものもあっただろうし、苦手なものもあったはずだ。友だちに何度も自慢してしまうような離れワザを決めたこともあったし、読まずに飛ばしてしまった挑戦もいくつかあった。

　きみよりも才能があった友だちは？　よりタフだったのは？　よりバランス感覚があったのは？　師匠としていつもそばにいてほしいのは？　審判にぴったりなのは？　いまやきみは、キャプテンのバッジの重みに耐えられるようになっただろう。でなければ、自分よりもそのバッジを託すにふさわしい子を見つけただろう。きっとどこかケガもしただろう。いたるところに傷をつくった。捻挫できるところはすべて捻挫した。骨もちょっとやっちゃったかも。だけど、まだおやすみの時間じゃない。栄光への扉を開くときだ。

　ヒーローの世界へようこそ！きみはスタート地点に立ったにすぎない。大事なのはここからだ。きみは自分の進むべき方向が、少しは見えてきたことだろう。頭のなかに聞こえるその声

を、まっすぐにきみに語りかけてくるそのことばを、ちょっとは理解できるようになったにちがいない。

それがなんなのかをもっと知りたかったら、やりとげたチャレンジを見直して、獲得した5つの特性（経験値）のポイントをそれぞれ合計してみよう。そして、このあとの文章をよく読んで、きみがだれのタイプにいちばんよく似てるのかを確認しよう。もうその人のことを知ってるならそれでよし、知らなかったら、その人の歩んできた道について書かれた本を探しにいこう。たくさんの決断とほんの少しの幸運があれば、きっと近いうちに、きみの名前が書かれた本の背表紙が、そのとなりに並んでるにちがいないんだから。

持久力ポイントがいちばん多かったら

きみは疲れを知らないタフガイで、ひじょうにヤバい状況にこそ真価を発揮することができるぞ。

きみは第2の**ステファーニア・ベルモンド**になれるかもしれない。彼女は卓越したノルディックスキー選手で、ものすごく長い距離を滑りきることができた。いくつものケガを乗りこえ、レースを続け、勝ちつづけた。ケガからの復帰を難しいと判断した医者が引退を勧めたときも。

または、**エミール・ザトペック**の栄光の軌跡をなぞってみるのもいいかもしれない。彼はオリンピック史上、もっとも偉大な長距離ランナーのひとりで、持久力の化身、だれにも屈することのない頑強な肉体の持ち主だった。1952年のヘ

ルシンキオリンピックでは、長距離で３つの金メダルを獲得する記録を打ちたて、「人間機関車」と称された。

技術力ポイントがいちばん多かったら

これだけのスポーツの基礎能力があれば、たくさんの名人芸を連発することができるぞ。世間がきみを放ってはおかないだろう。

もしかするときみのなかには、あの史上最強のテニス選手、**ジョン・マッケンロー**の遺伝子が組みこまれているのかもしれない。彼の打球は、正確さと不可思議さをミックスした、打ちかえすことも予想することもできない弾道を描き、シングルスでもダブルスでも世界ランキング１位になったんだ。

または、**タニア・カニョット**に似ているかもしれない。イタリアの飛込競技（水泳）史上もっともすぐれた選手だと評価されていて、その完璧な技術で、飛込競技におけるあらゆる種目で金メダルを獲得した。

チームワークポイントがいちばん多かったら

きみにとってチームは個人よりも優先される。きみは、ひとりでも勝てるが、仲間といっしょに成功することを好む、特別なヒーローになることができるだろう。

きみは少し**マネ・ガリンシャ**みたいなところがあるね。1960年代、サッカーブラジル代表の２度のワールドカップ制覇に貢

献した、最高の右ウイングだ。そのトリッキーなサッカー技術から「人びとの喜び」とあだ名され、いまではブラジルでは、サッカーの王様・ペレよりも愛されている。

もしくは**マヌエラ・ベネッリ**だ。イタリアのバレーボール史上最高の選手で、コーチとしても、ラヴェンナのチーム、オリンピア・テオドラを11回連続で選手権制覇に導いた。

注意力ポイントがいちばん多かったら

きみは、ぜったいにまちがいがないほど慎重にものごとを進めることができるだろう。

きみは、完璧な体操演技で生ける伝説となった、**ナディア・コマネチ**の足跡をたどることができるだろう。彼女が五輪の舞台に姿を現したのは、わずか14歳、1976年のモントリオールオリンピックのときだった。彼女はこの競技での最高得点である10点満点を獲得した最初の選手となった。

それとも、**マルチェロ・ロッティ**の偉業をもういちど達成することができるかも。「ロ・スクーロ（闇）」とあだ名された彼は、おそらくイタリアでもっとも有名で、もっとも愛されたビリヤード選手だった。その比類なき距離感覚で、緑のテーブルの上にミリ単位で幾何学的な軌跡を描きだした。

199

品格ポイントがいちばん多かったら

試合やレースで最強でいるのは難しい。さらに、それ以外のときでもヒーローでいつづけるには、別の何かが要求される。スポーツは人生だ。そういう意味で、この特性のポイントをもっているなら、きみはスポーツの意義をほんとうの意味で理解したといえるだろう。

きっときみは**アリアンナ・ロッカ**の生き方に惹かれるものがあるだろう。もっとも強い体操選手のひとりで、3つのイタリア国内のタイトルと、ゴールデンリーグでの金メダルを獲得している。世界レベルの選手だったが、もっと大事なこと――アフリカでのボランティア活動――に専念するために、21歳の若さで引退を発表した。

カリーム・アブドゥル・ジャバーにも感銘を受けるだろう。バスケットボールチーム、レイカーズの伝説的センタープレイヤー。NBAシーズン得点王としては歴代1位であり、通算得点数は38387点だ。その長い経歴のなかで獲得した、NBAチャンピオンに贈られる6つの指輪のうち4つは、恵まれない人びとを助けるためにオークションに出品し、彼の手元には残っていない。

親愛なるアスリートたちへ

　ぼくらは、スポーツと日々の生活をとおして、きみたちにエネルギーと、ヒーローをめざす確固たる信念をあたえることができたんじゃないかなって思ってる。そしてなにより、きみたちのなかから聞こえる、どんなに絶望的な状況でも、泣き言をもらさずに、けっして屈服しないんだという小さな声に気づかせてあげることができたんじゃないだろうか。

　どのくらい役に立てたのかはわからないけど、心からのありがとうをきみに伝えたいんだ。

　きみたちはきっと、汗をかいて、泥だらけになって、傷ついて、それでも立ちあがって、もういちど走りだしたんだろうね。そのあとにはちゃんと、家をくさくしないために、しっかりお風呂にも入ってくれただろう。

　きみは、仲間といっしょに、ときにはひとりで、走りだす勇気をもった。それはときに、ほかのみんなが走っていく方向と正反対の方向かもしれない。

　きみはみずからの声に耳を傾けることを学んだんだ。そうすることで、自分が何者で、これから何になろうとしているのか、ちょっぴりわかったはずだ。

　それこそがヒーローの声だ。きみのなかにはもうすでにヒーローがいる。ヒーローのなかにホンネくんがいるのと

同じようにね。そのことを身をもって実感してくれたと、ぼくらは信じてる。

　さあ、立ちあがれ！　グズグズしてるひまはない。フィールドで、トラックで、はたまた、きみが情熱を傾ける何かがあるところならどこででも、いつかきっとめぐり会おう。きみたちが勝っても負けても、ぼくらはきっとそこにいるから！

ピエルドメニコ・バッカラリオ

マッシモ・プロスペリ

ヒーロー ID カード

年齢

自分の
写真を貼ろう

ぼく／わたしの才能は？

大人になったら何になる？

持久力 .... ポイント

技術力 .... ポイント

チームワーク .... ポイント

注意力 .... ポイント

品格 .... ポイント

ぼく／わたしは何が得意？

ぼく／わたしの師匠

この本でオススメしている曲の原題リスト

	曲	アーティスト
挑戦 1	Diamond In Your Heart	東京スカパラダイスオーケストラ feat. 細美武士
挑戦 2	We Are	ONE OK ROCK
挑戦 3	Good Vibrations	The Beach Boys
挑戦 5	ピースボール	FUNKIST
挑戦 6	I Won't Let You Down	OK GO
挑戦 7	Stairway to Heaven	Led Zeppelin
挑戦 9	Turn It Around	THE CHARM PARK
挑戦 10	Shake It Off	Taylor Swift
挑戦 11	Under Pressure	Queen × David Bowie
挑戦 13	Up!	Shania Twain
挑戦 15	WINDING ROAD	絢香×コブクロ
挑戦 17	Roll with It	OASIS
挑戦 18	Jump	Van Halen
挑戦 24	The Longest Time	Me First and the Gimme Gimmes
挑戦 25	Get Myself Back	安室奈美恵
挑戦 26	LET'S GO BACK	The Bawdies

挑戦 28	U Can't Touch This	MC Hammer
挑戦 29	ONCE AGAIN	RHYMESTER
挑戦 30	Theme from Rocky	Bill Conti
挑戦 31	Better Together	Jack Johnson
挑戦 35	Walk	Foo Fighters
挑戦 36	Pump It Up	Danzel
挑戦 37	クリーニング・グルーヴィー	堂島孝平(どうじまこうへい)
挑戦 38	ドゥ・ザ・キャッスル	レキシ feat. 北のパイセン問屋(どんや)
挑戦 40	Starman	David Bowie
挑戦 44	Bicycle Race	Queen
挑戦 45	GREAT JOB	CHAI
挑戦 46	投(な)げKISSをあげるよ	andymori
挑戦 47	Respect	BTS
挑戦 48	Help!	The Beatles
挑戦 49	We Are Golden	MIKA

- 日本版(にほんばん)では、ラジオDJ(ディージェイ)の野村雅夫(のむらまさお)さんに、日本の読者(どくしゃ)になじみのあるものに選曲(せんきょく)しなおしていただきました。右のコードを読みとると、試聴(しちょう)できます(Spotify(スポティファイ)にて)。

- 日本語訳(にほんごやく)のないオススメ本についても、日本語で読める別(べつ)のものにさしかえています。

205

著者

ピエルドメニコ・バッカラリオ

児童文学作家。1974年、イタリア、ピエモンテ州生まれ。高校時代より短篇の創作をはじめる。15日間で書きあげた『La Strada del Guerriero（戦士の道）』で1998年にデビュー。謎解き冒険ファンタジーの『ユリシーズ・ムーア』シリーズ（学研プラス）は、世界数十か国で翻訳されている。『コミック密売人』（岩波書店）で2012年度バンカレッリーノ賞受賞。『13歳までにやっておくべき50の冒険』（太郎次郎社エディタス）ほか本書のシリーズすべてを手がける。

マッシモ・プロスペリ

スポーツ・ジャーナリスト。1974年、イタリア、ピエモンテ州アックイ・テルメ生まれ。2007年からピエモンテのラジオ局RadioPNRで働きつつ、アックイ・テルメの週刊新聞「L'Ancora」の編集者を務めている。『ピエモンテサッカー年鑑』最新版（第5版）の起草にかかわり、マルコ・ゲッツィとヴィト・ファネッリとの共著に『アレッサンドリアサッカー年鑑』がある。

イラストレーター

アントンジョナータ・フェッラーリ

1960年、イタリア、ロンバルディア州生まれ。長年、アニメ映画制作にたずさわったのち、児童書のイラストを担当するようになる。2007年、もっともすぐれたイラストレーターとしてイタリア・アンデルセン賞を受賞するほか、有名コンクールで受賞多数。現在、イタリア児童文学の分野では、もっともよく知られたイラストレーターのひとり。日本語訳の絵本に『こころやさしいワニ』（岩崎書店）がある。バッカラリオとともに、本書のシリーズすべてにかかわる。

訳者 有北雅彦（ありきた・まさひこ）

作家・演出家・翻訳家・俳優。1978年、和歌山県生まれ。進路指導講師として、中学校・高校でのキャリア教育に演劇的手法で携わる。また、映画や文学などのイタリア文化を紹介する会社「京都ドーナッツクラブ」に設立時から所属。著書に『あなたは何で食べてますか？』（太郎次郎社エディタス）、訳書に本書のシリーズほか、シルヴァーノ・アゴスティ『見えないものたちの踊り』（シーライトパブリッシング）など。

あこがれのアスリートになるための50の挑戦

2021年2月20日　初版印刷
2021年3月10日　初版発行

著者	ピエルドメニコ・バッカラリオ
	マッシモ・プロスペリ
イラスト	アントンジョナータ・フェッラーリ
訳者	有北雅彦
デザイン	新藤岳史
選曲協力	野村雅夫（FM COCOLO／京都ドーナッツクラブ）
編集	漆谷伸人
発行所	株式会社太郎次郎社エディタス

東京都文京区本郷3-4-3-8F　〒113-0033
電話 03-3815-0605　FAX 03-3815-0698
http://www.tarojiro.co.jp/

印刷・製本	大日本印刷
定価	表紙に表示してあります

ISBN978-4-8118-0846-8　C8075

Original title: Il Manuale delle 50 sfide per diventare un campione
by Pierdomenico Baccalario and Massimo Prosperi, Illustrations by AntonGionata Ferrari.
First published in 2020 by Editrice Il Castoro, viale Andrea Doria 7, 20124 Milano (Italia)
www.editriceilcastoro.it
Graphic layout: Dario Migneco / PEPE nymi – Art director: Stefano Rossetti
Original edition published by agreement with Books on a Tree Ltd.

Questo libro è stato tradotto grazie ad un contributo alla traduzione assegnato dal
Ministero degli Affari Esteri e della Cooperazione Internazionale italiano.

シリーズの紹介

各　四六変型判・192ページ・本体1600円＋税

13歳までにやっておくべき
50の冒険

ピエルドメニコ・バッカラリオ、
トンマーゾ・ペルチヴァーレ 著
アントンジョナータ・フェッラーリ 絵
佐藤初雄（国際自然大学校）日本版監修　有北雅彦 訳

宝探し、木のぼり、野生動物撮影、廃墟探検、おもちゃの分解、魔法薬の調合……。イタリアの人気児童文学作家がしかける遊び心満載のミッションをクリアして、冒険者への第一歩をふみ出そう！　自然のなかで冒険できる日本版「野外学校リスト」つき。

モテる大人になるための
50の秘密指令

ピエルドメニコ・バッカラリオ、
エドゥアルド・ハウレギ 著
アントンジョナータ・フェッラーリ 絵　有北雅彦 訳

冒険好きのきみに、伝説のスパイから指令が届いた。親を観察、炊事に洗濯、家系図作成、デートの誘い、そして忍者……。どんなミッションも、華麗に、かつスマートに。口うるさい親たちにバレないように挑戦して、モテる大人の秘密を入手せよ！

世界を変えるための
50の小さな革命

ピエルドメニコ・バッカラリオ、
フェデリーコ・タッディア 著
アントンジョナータ・フェッラーリ 絵
上田壮一（Think the Earth）日本版監修　有北雅彦 訳

こんどの標的はSDGs?!　環境破壊、貧困、スマホ依存、ウソ、偏見……。このまちがった世の中にガマンがならない？　もしそう思ってるなら、文句を言ってるひまはない。行動するのはキミだ。同志とともに、世界をよりよく変える50の革命を起こせ！